LOOKING THROUGH
A KALEIDOSCOPE
An Introduction to
English Studies at University

広島修道大学学術選書 **81**

大学で「英語」と向き合う

向き合う 色とりどりの英語の世界

戸出朋子・西光希翔・石田崇———— 編

JN076471

ひつじ書房

目　次

ようこそ、英語の世界へ

　ようこそ、英語の世界へ。この本を手に取ってくれている読者の皆さん
は、大学の英語英文学科、英語学科、英文学科などと称する学科の大学生
か、あるいはこれから英語を専攻する学科への進学を考えている人たちで
しょう。本書では、英語に関連する学問を専門的に学ぶ学科を、便宜上、英
語英文学科と呼ぶことにします。さて、大学で英語を専門に学ぶとは、どう
いうことを指すのでしょうか。「英語を学んで英語力をつけることに決まっ
ているではないか」と思う人も多いでしょう。確かに、英語の技能を身につ
けることを目指した教育プログラムは英語英文学科の1つの重要な柱であ
り、英語技能錬成は皆さんの大きな課題にちがいありません。しかし、それ
は、英語に関連する学問を学ぶ前提にすぎず、英語技能を身につけたからと
いって英語に関する学問を専門的に学んだことにはならないのです。

　さて、第II部の第1章でも述べられていますが、英語は国際語として、
世界の至る所で様々な目的で使用されています。オリンピックに出場するア
スリートやJAXA (Japan Aerospace Exploration Agency: 宇宙航空研究開発機
構) の宇宙飛行士の方々など、世界的に活躍する人々が英語を流暢に話して
いるのを目にすることも多いですね。そして、そのような人たちはとても魅
力的です。しかし、ちょっと考えてみてください。アスリートにしても宇宙
飛行士にしても、専門は英語ではなく、別のところにあります。あの人たち
を輝かせるものは一体何なのでしょうか。

　また、著名人ではなくても、英語を使って輝いている人は案外身近に存在
するものです。編者の1人である戸出朋子は、以前、新潟の医療系の大学
で英語を教えていました。そこの学生は、理学療法士、義肢装具士などのリ
ハビリテーション関係の資格を取ることを目指していて、もちろん英語を専
門としているわけではありません。しかし、医療は世界的な課題ですので、

英語を学ぶニーズは高く、国際的な交流も少なからずありました。ある時、その大学の身体の動きのしくみを専門とする教授が、学生やタイから来た研修生を相手に、セミナーを英語で行い、筆者は英語面での補助という役割で参加しました。もう 10 年以上前のことなので詳細は覚えていませんが、その教授が本当に楽しそうに英語でレクチャーを行い、学生もタイの研修生とともに一生懸命生き生きと取り組んでいたのを思い出します。もうおわかりですね。前述のオリンピック選手や宇宙飛行士、そして身体運動セミナーを主催した教授や参加した学生たちの輝きの源は、「自分の専門を究めようとすること」にあります。そして、自分が突き詰めている領域の内容について、英語という国際的な言語を使って世界の人々と共有することで、その輝きが一層増すのだと思います。よくいわれることですが、英語の技能を磨くだけでは不十分で、英語を使って何を話すのか、その「何」にあたる内容を豊かにすることが大切です。英語英文学科の学生ならではの「何」にあたる内容、あなたの輝きの源となり得る学問領域を、この本を読むことで探検してみましょう。

　英語英文学科のカリキュラムは多くの異なる専門分野で構成されており、それらは通常、1) 英語で書かれた英語圏の文学作品を研究する分野（一般に「英米文学」や「英語圏文学」と呼ばれる）、2) 英語を含めたあらゆる言語を対象とし、その仕組みを研究する分野（一般に「言語学」、特に、英語を通して人の言語の真相に迫る分野は「英語学」と呼ばれる）、3) 現実社会の言語にかかわる諸問題（例えば、言語習得・教育や通訳など）を研究する分野（一般に「応用言語学」と呼ばれる）の 3 つに分類されます。本書では、広島市にある広島修道大学人文学部英語英文学科の 12 名の教員が、各々の専門領域について語ります。「〜学」といった堅苦しい論調は避け、皆さんにわかりやすい言葉で、その専門領域のエッセンスをお伝えするつもりです。この 12 名の教員の専門領域はそれぞれ異なっていて、考え方や語る内容も様々です。「英語」を共通項としていますが、異なる星から、偶然、広島修道大学に集まってきた異星人の集合体といってもいいでしょう。異質で多様なものが寄り集まって美しい世界を創り出す万華鏡のようなキラキラし

た英語の世界をお楽しみください。もちろん、本書で書かれていることが全国の英語英文学科で扱う学問領域のすべてではなく、大学によって違いはあります。しかし、どの大学でも、上の3領域の多様な専門性を持つ教員で構成されているという点では同じですので、他の大学の英語英文学科も万華鏡世界を創り出しているにちがいありません。したがって、本書は、大学の英語を専門とする学科がどのようなものなのかをよりよく知るためのガイドとなるでしょう。

　本書は、5部で構成されています。第Ⅰ部の「どう英語とつきあうか」というパートでは、4名の執筆者が、どのような態度で、どんな点に注意して英語学習に向かえばいいのかを、チャット形式で語り合います。ここでは、決して、具体的な学習法を処方箋のような形で皆さんに与えることを意図していません。大学とは、答えが1つではないこと、まだ答えがわからないことを、自由に主体的に考える場所なのですから。語られていることを参考にして、自分はこれからどのように英語に接していくか、どのようなやり方で学んでいくかを考えてください。

　さて、この第Ⅰ部でチャットしている執筆者は、3名が日本出身、1名がイギリス出身で、4人の間の共通言語である日本語と英語を自由に使って対話します。いわば、このチャット空間は、「日本語オンリー」でもなく、「英語オンリー」でもなく、バイリンガル空間となっています。バイリンガルやマルチリンガルの人たちは、日本語や英語といった言語間の仕切りにとらわれず自分の持てる能力総体を使ってコミュニケーションするといわれています。読者の皆さんも、少なくとも日本語と英語の2言語を、程度の差こそあれ知っているわけですから、バイリンガル空間に入ってみてください。

　第Ⅱ部以降の12の章では、各執筆者がそれぞれの専門分野について、皆さんに最も伝えたいことを語ります。前述したように、英語英文学科で扱う学問は多様なので、執筆者が語る内容は様々で、ひょっとしたら、互いに相容れない見解を述べているかもしれません。しかし、それは、どちらかが正しくてどちらかが間違っているということでは決してありません。「英語」を共通項とした果てしなく広くて深い世界を異なる角度から異なる側面を見

て研究しているわけですから、異なる見解があって当然といえるでしょう。また、その反面、関連が薄いと思われている2つの学問領域（例えば、文学と応用言語学）の章であっても、述べられていることに相通じるものを発見できるかもしれません。複数の章の間にある思いがけない共通性を探してみるのも面白い読み方だと思います。さらに、高校生の方であれば、進学を考える際に、英語がかかわる分野にどのような選択肢があるのか、自分自身の興味関心が英語のどのような側面にあるかを探ることができるでしょう。また、大学生の方であれば、今後のゼミ選択や卒業研究の内容をどうするかなどを考える際の参考にすることができるでしょう。

　第II部から第V部の12章は、その内容によって、以下のように分けられています。

第II部　学問の世界へ、ようこそ

　入門編です。学問をすると、固定観念が壊され目が開かれる経験をします。

- 　第1章「英語の冒険—Developments of *Englishes*」（水野和穂）：英語という言語の発達の歴史、そして空間的な広がりという視点で、英語は誰のものかを考えさせてくれます。

- 　第2章「今に生きるシェイクスピア—文学を学ぶことの意味」（佐川昭子）：『ロミオとジュリエット』での愛し合う2人の心の描かれ方を分析しています。400年前に描かれた心の世界が、今の自分にも存在するものとして身近に感じられるのではないでしょうか。

- 　第3章「複合的言語能力を育てる」（戸出朋子）：英語学習途上での「間違い」は単なる間違いではなく、それ自体でその人の立派な言葉であると語ります。第1章で語られた壮大な時空レベルでの言語の発達と第3章の個人レベルの言語発達に相通じるものを見いだせるかもしれません。

第 III 部　英語を学ぶと見えてくる世界

　英語を学ぶということは「人について学び、対話すること」ということが語られます。

- ● 　第 4 章「**Pragmatics: Language that Includes Contexts, People, and Relationships**」(**Jim Ronald**)：英語を勉強していると、英語が人の言葉であるということを忘れてしまいがちですが、この章は、人は具体的な状況の中で、相手との関係を構築すべく言葉を選ぶのだということがわかります。

- ● 　第 5 章「**これからの時代に必要な英文法知識**」(大澤真也)：コミュニケーション能力を文法知識という観点で論じます。この章を読むと、第 4 章で語られた状況に応じた表現を選ぶ能力は文法知識と密接に関係しているということが見えてきます。

- ● 　第 6 章「**世界を人間の目だけで見ない方法―H. D. ソロー『ウォールデン』の生き物たち**」(塩田弘)：文学研究を通して人間以外の視点で世界を見ることが、現在我々が直面している異常気象や環境破壊などの人類滅亡の危機に対処する上で重要な役割を果たすと語られます。文学研究と SDGs (Sustainable Development Goals：持続可能な開発目標)の関係に驚きを覚える読者も多いのではないでしょうか。

第 IV 部　英語を通して深める世界

　「研究」がテーマです。ある特定の事柄について深く追究することが研究です。

- ● 　第 7 章「**英語関係節はなぜ難しいか？―研究のススメ**」(阪上辰也)：研究の最初は、課題を設定することです。*who* や *which* に代表される関係節を取りあげ、関係節の学習の何がなぜ難しいのかといった疑問から出発して、どのような方法で調べ考察するのかといった一連の研究の流れを示します。

- ● 　第 8 章「**器から読む文学作品**」(西光希翔)：文学作品の内容・テー

マを料理に、作者が用いている言葉と作品の構造を器にたとえます。そして、作家がなぜその器（言葉・構造）を用いて料理（内容）を「映え」させているのかを考察するという文学研究の方法を提示しています。

● 第9章「英語の「形容詞＋名詞」表現を研究する」（石田崇）：日本語と比較しつつ、一見単純そうに見える「形容詞＋名詞」表現が、複雑でしかし秩序だったシステムを構成していることを見せてくれます。

第Ⅴ部　英語を超えた先にある世界

英語と向き合うその先に広がる外の世界、皆さんの将来へと誘導します。

● 第10章「「私はキツネです」をどう訳す？」（石塚浩之）：同時通訳記録から、人が言葉を理解するという頭の中の目には見えないプロセスを分析します。そこから、通訳者の資質は誰にでも備わっていると述べ、自分の力で切り拓くキャリアの世界へと目を向けてくれます。

● 第11章「Learning from the Linguistic Landscape」（Keith Barrs）：街や大学キャンパスなどの公共の場にある様々な言語があふれる景観を案内します。日常目にする看板などの言語表記から、多言語社会、グローバル化へと想像が広がります。

● 第12章「どうして文学？　しかもサミュエル・ジョンソン？」（石井善洋）：筆者自身の英語遍歴、文学との出会いを語り、サミュエル・ジョンソンの作品から学んだ人生観を展開します。生きていると様々な苦しみを経験しますが、英語の研究の先には、人生を一歩一歩踏みしめていく自分自身の姿をイメージできます。

以上の12章に加えて、章の間にコラムを設け、「辞書」「英米文学を読むための資料」「コーパス」「AIを利用した学習」といった英語関連の学びに関する資料やツールを紹介しています。学びというのは生涯にわたるものな

ので、大学 4 年間は「学び方を学ぶ期間」といえます。どんな資料やツールがあるか、そしてどのような目的でどのように使うのかを知ることは、皆さんの学びをより強力なものにすることでしょう。

　広大で深淵なる英語の世界の扉が開かれました。英語の世界へ、ようこそ！

戸出朋子・西光希翔・石田崇

I

どう英語とつきあうか

戸出朋子・Jim Ronald・西光希翔・石田崇

　このパートでは、「どう英語とつきあうか」というテーマで、様々な観点から広島修道大学人文学部英語英文学科の4人の先生たちが時折 bilingual に、そして frank に話し合います。コミュニケーション、文法、辞書、音声、さらに人工知能（AI：Artificial Intelligence）と話題は尽きません。

　冒頭で、Jim 先生が、互いの呼称についてちょっとした戸惑いを示しています。ファーストネームで呼び合うのか、〜先生と呼び合うのかという迷いです。ことばのそんな面白さも味わってみてください。

1.　英語に向かう「姿勢」

Tomoko Tode
まず、最初に、皆さんが普段学生に接していて、学生が英語に向かう態度についてどう思いますか？

Jim Ronald
Thank you for getting this space started. It's exciting for me, somehow - and maybe for the same reasons as learning and using English can be for our students. でも、ちょっと心配なことが…。

Tomoko Tode
何ですか、Jim 先生？

Jim Ronald
What should we call each other?

Tomoko Tode
ああ、お互いの呼び方ですね。Maybe, the way we usually call each other would be natural.

Jim Ronald
The way we usually call each other... That is good, but confusing! According to the context, I call you Tomoko (on Facebook, outside Japan), Tomoko-sensei (on campus, when we meet) or Tode-sensei (when students or other teachers are present).

Tomoko Tode

（笑）なんとかなりますよ！　Let's discuss favorable attitudes towards language learning. What do you think, Jim?

Jim Ronald

Grammar and vocabulary, of course, are important to help me express myself, but the important thing is not using these words or that grammar, but **being able to express myself**.

Tomoko Tode

「単語や文法を使う」というよりも、「自分自身を表現する、それを英語で行う」という姿勢で英語とつきあうということですね。なるほど！

Takashi Ishida

自己表現を行う場面が大学の授業以外でどれだけあるかにも関わってきますよね…。

Tomoko Tode

留学生もいますし、Jim 先生が毎週火曜日の朝に紅茶を飲みながら学生たちと英語でおしゃべりしておられるような集まりもありますし、自分がその気にさえなれば、機会はいくらでも見つかるのではないでしょうか。

Takashi Ishida

でも、最近の学生は、身につけるスキルや学習に対して、ニーズや効率というものをとても重要視しているように思います。効率の良さをどのように定義するかにもよりますが…。また、AI が少しずつ社会に普及している今、最近の学生には「本当に英語を学ぶ必要があるのか」という意識が芽生えているように思います。

Tomoko Tode

私も、学生から、ニーズ・効率ということばをよく聞きます。効率は確かに大事かもしれませんが、それだけではさみしいです。学生たちは、中学・高校、そして大学でも、英語の試験を受けることを奨励され、「英語の力＝スコア」というのが身体に染みついているように思います（確かに、スコアも英語力の一つの指標ですが）。

Takashi Ishida

英語だって、日本語と同じ「ことば」なんですから、「ことばの面白み」を学生たちに味わってほしいですね。「純粋に英語が好き！」という学生には

理屈で伝える必要はないですが、そうでない学生には「なぜ英語で自己表現をするのが大切なのか」「ことばの面白さとは」を理屈で伝える必要があるかもしれないなと感じています。

Tomoko Tode

この本の第二部の各章が、まさに、ことばの面白さの理屈を伝えていますよね！

Takashi Ishida

そうですね。特に、戸出先生の第3章、Jim 先生の第4章、西光先生の第8章を読むといいんじゃないかと思います。

Kisho Nishimitsu

石塚先生の第10章も人がことばを理解するしくみが、わかりやすく伝えられています。

Tomoko Tode

さっきの、Jim 先生の呼称の迷い (*Tomoko*? *Tomoko-san*? *Tode-sensei*?) だって、ことばの面白さですよね。時と場合、他に誰がいるかによって、Jim 先生が私という人間をどう位置づけているのかの表われ、つまり Jim 先生の自己表現ともいえます。

Jim Ronald

In fact, every time we use language, how we use the language depends on the context and who we talk with.

Tomoko Tode

前にどこかでいったと思いますが、「英語を話す・speaking English」から「人と対話をする・talking with people」へと意識を転換すべきかと思うんですね。Speaking English だと、自分の話す英語が正しいかどうかだけに意識が向き、結局相手を見ていない。**話し相手を見て、相手と対話し、相手と協働でコミュニケーションを創り上げていく、コミュニケーションは相手との共同作業**ということをもっと意識する時が来ているのではと思います。

Takashi Ishida

なるほど。

Kisho Nishimitsu

なるほど。

Jim Ronald
Naruhodo.（笑）

Tomoko Tode
ところで、西光先生、今、「自己表現」や「人との対話」ということが話題に上っていますが、口頭コミュニケーションだけではなく、「文学を読む」ことだって、「自己」が関わってきますし、対話だとも思うのですが、いかがでしょうか？

Kisho Nishimitsu
「自己」といえば、ウォルト・ホイットマン（Walt Whitman）というアメリカの詩人がいます。彼の代表作の１つに「ぼく自身の歌」（"Song of Myself"）という作品があるのですが、"I celebrate myself, I sing myself"という一節から始まる、まさしく「僕は自身について語ろう」という自己表現の詩です。

Tomoko Tode
「自分自身について語る」となったら、自分の醜い部分、どろどろとした何かが噴き出るような感があります。

Kisho Nishimitsu
文学というと娯楽のように思われがちなのですが、研究対象とされる作品、あるいは長年に亘り残っている作品って暗いものが多いんですね。１人の人間（作家）が「人間が抱える根源的な何か」を表現しているものが文学なのだと思います。それに触れるのは、ある意味で対話といっていいかもしれません。

Tomoko Tode
「自分との対話」という意味ですか？

Kisho Nishimitsu
先ほど、「話し相手を見て、相手と対話し、相手と協働でコミュニケーションを創り上げていく」という話がありました。文学作品の多くは活字になっているので、コミュニケーションというイメージは湧きにくいですが、実は作者と読者が作り上げていくものでもあると思います。文学作品で卒業研究を書く学生の多くは、「作者はこういうことを意図して作品を書いた」という傾向があります。そこを考えることも大事なのですが、個人的には、**作者自身も気づいていないようなことをいってあげる**ような考察に魅力を感じます。

Tomoko Tode

面白いですね！「作者自身も気づいていないようなことをいってあげるような読み方」ですか！

Kisho Nishimitsu

はい。本人も認識していない本当の自分を教えてあげるようなイメージでしょうか。

Tomoko Tode

対話をすることってそういうことかもしれません。ただ情報を伝達するだけではなく、自分と相手が協働で、何か新しい意味が創り上げられていく、といったところでしょうか。

Kisho Nishimitsu

そのためには作者について知ることも重要です。それと同時に作者がどのような単語を使い、どのような文章を使っているか、つまりどのようなことばを使っているかを細かく見ていくことが必要だと思います。その意味で、文学をじっくりと読むこともコミュニケーションだといえるかもしれませんね。**英語の文法や単語を学ぶことは、相手のことを知るための道具を身につけること**になるのではないかと思います。

2.　文法を学ぶことはコミュニケーションを学ぶこと？

Tomoko Tode

文法や語彙を学ぶこととコミュニケーションの関係の話が出てきました。以前、石田先生が、「学生は、ただなんとなくしか英文を見ていない」というような意味のことをおっしゃっていました。たとえば、*the language* と *the* がついているのに、これを見過ごしてしまって、ただ単に「言語」と訳し、きちんと意味がとれていないみたいなことがよくあります。このあたり、皆さん、どうですか？

Kisho Nishimitsu

石田先生と同様の印象を私も学生に抱いています。多くの学生は英文を読む際に、恐らくは無意識にでしょうが、「なんとなく意味がつかめて、とりあえず訳ができれば OK」というスタンスに立っているように感じています。試験ではそれでも点数はとれます。受験勉強を長年続けてきて、その方法が身についてしまっているのかもしれませんね。まずはそこから脱却することが必要だと思います。

Tomoko Tode

文法は意味や態度を表現するために必要不可欠なものなんだということを、英語を専門とする学生は認識する必要がありますね。

Kisho Nishimitsu

個人的に、文法は交通ルールと似ていると思っています。例えば道路では、青信号なら通行可、赤信号なら通行不可とルールが決まっています。普段、気にしませんが、みんなが共通のルールとして信号の色の意味を認知していないと、いたるところで事故が発生します。例えば、赤信号が通行可という意味の国があるとします。その国の人が日本に来たら、赤のランプがともったときに横断歩道を歩き出すかもしれず、大変に危険です。道路は、皆が同じルールを守っていることで、スムーズに、そして安全に機能するのだと思います。ことばでも同様で、互いが同じルールを守っていないと、誤解や不理解が生じてしまい、コミュニケーションが成立しないのではないでしょうか。例を挙げると、受動態を知らない人は "I was hit by a car." という文が伝えている情報を誤解してしまうかもしれません。

Tomoko Tode

受動態を知らないと、自分から車にぶつかった、という間違った意味でとってしまう可能性がありますね。

Jim Ronald

I have the same problem when I try to speak or understand Japanese.

Kisho Nishimitsu

文法学習の意義は、他者のことばが伝達している情報を的確に理解する力をつけることであり、同時に、自分の伝えたい情報を的確に相手に伝える力をつけることだと思います。つまりは文法の知識を増やし、語彙力を磨くことはコミュニケーション力をつけることに繋がるのではないでしょうか。

Takashi Ishida

その通りだと思います。ということは、**文法は、情報のやり取り以上に、対話やコミュニケーションに不可欠な要素**であると解釈できそうですね。

Tomoko Tode

そういうことになりますよね！　さらにいえば、文法を学ぶことは対話を学ぶことと同じということまでいえるように思いますがいかがでしょう。一方で、中学校や高等学校の学習指導要領には、「文法事項はコミュニケー

ションを支えるもの」と文法とコミュニケーションの関係が明記されていますが、それがあまり浸透していないかもしれません。

Takashi Ishida

でも、だからこそ、例えば、西光先生がおっしゃっている文学作品の研究を例にとってみても、実は「ことばを読むという行為はそれを書き記した著者との対話である」ということにもっと気づいてほしいですよね。著者の思いがどのように表現されているか、そこには**著者なりの語彙や構文、文法の選択**が関わっていて、**その選択の背後にあるいろいろな規則**に気づくことができれば、もっと多くのことを理解することにつながって、著者の思いを自ら他者に論理的にかつ説得的に解説することだってできるようになると思います。

Tomoko Tode

同感です。卒業研究で「文学作品を英語教育に活用する」などというテーマで、特に文法学習との関連を考えることもできますね。まさに、「作者との対話」「語彙や構文の選択」などがキーワードになってくると思います。

Takashi Ishida

それはいいですね！　西光先生、おそらく文学作品の卒業研究においては、こういうことがかなり重要になってくるはずですよね？　誤解していたらすいません（笑）。

Kisho Nishimitsu

石田先生がおっしゃっている通りです。ちなみに文学研究では分析の理論が多数あります。人種やジェンダーに注目するものや自然と人間の関係から分析する方法など多様です。しかし、何より作品のことばに着目することが始まりです。**物語の内容は、それを表現していることばと不可分な関係**にあると思いますので。自分が知っていることばだとしても、辞書を引くと思わぬ発見に繋がることもあります。学生の皆さんには、手間をかけることの大事さも知ってほしいですね。

Tomoko Tode

本書のコラム「英語の辞書について」で、right という単語についての発見が述べられています。

Takashi Ishida

対話を読み取るという側面に関しては戸出先生がおっしゃっているように、一口に「言語」といっても *language*（無冠詞単数）なのか、*a language*（不

定冠詞）なのか、*the language*（定冠詞）なのか、*languages*（複数形）なのか、このうちのどれを選択しているかで、著者がその場で指し示したい「言語」の対象が全く異なってきます。これは、「*language* ＝ 言語」ということを知っているだけではたどり着けない著者の思いの域になるのではないかと思います。そして、**対話を深く読み取ることができれば、今度は逆に、自らが対話を発信する側になってもこのことが生かせるようになる**ように思います。

3.　辞書はことばの宝箱！

Tomoko Tode

辞書を引くことで思わぬ発見がある！まさしくその通りだと思います。Jim, you worked in compiling a dictionary before. I guess you have some interesting episodes to share with us! ここは、以前、イギリスで辞書の編纂に携わっておられた Jim 先生の出番です！

Jim Ronald

Thanks for asking! In the meantime, there are a couple of things I would suggest for language learners. One is **to look up just one word in a good learner dictionary and see how much you can learn about just that one word**: the meaning(s), pronunciation, frequency, collocation, maybe register or variety, too. Now that most (monolingual?) English dictionaries are corpus-based, the example sentences — selected or adapted to show typical use of the word — are especially useful.

Takashi Ishida

Jim 先生が教えてくださった辞書の使い方を実践すれば、英語の語彙に対する理解が深まりますし、その語が好む構文やコロケーション（よく用いられる単語の組み合わせ）も見えてきますよね。コロケーションといえば、例えば日本語でいうファストフードは、英語でも *quick food* とはいわず *fast food* ですし、洗濯をすることは *wash laundry* ではなく *do laundry*、強い雨のことは *strong rain* ではなく *heavy rain* です。このような情報が辞書には満載です。

Tomoko Tode

それと、これは特に紙辞書にいえると思うのですが、自分の調べたい単語だけではなくて、その周辺の見出し語も見ると思わぬ発見につながること

もありますよね。例えば *break* の周辺を遊びがてら見てみることで、*breakfast* が *break* + *fast*（断食）ということがわかります。

Kisho Nishimitsu

そういえば、最近の中学校や高校の現場ではどのように辞書を用いているのでしょうか。

Tomoko Tode

実は先日、大学院生や中学や高校で英語の先生をしている卒業生との勉強会をしていたのですが、高校で英語を教えている卒業生が、「紙辞書を読む」という指導を、これから力を入れてしていく計画を発表していました。Jim, I think you have mentioned you have more ideas on how to use dictionaries.

Jim Ronald

Yes. Next, **look up that one word in one or two more dictionaries, and compare the entries**, looking mainly at how they are different.

Kisho Nishimitsu

1 つの語を調べるのに複数の辞書を見比べるのは、私もよくします。

Jim Ronald

After that, try to write your own definition for the word, combining the ones in the dictionaries you have used. By doing this you can produce your own definition, one that should be better and more complete than the ones in the dictionaries you consulted.

Tomoko Tode

複数の辞書を見比べた後、自分で辞書をつくるんですか！　面白そう。Have your students tried to produce their own definitions in your class, Jim?

Jim Ronald

Yes, Tomoko! We do this for the word *pragmatics*（語用論）using definitions from three dictionaries: *Longman*, *Collins COBUILD*, and *Oxford Advanced Learner's Dictionary*（*OALD*）, for example. This helps us to get a clear understanding of what it is, and that while *pragmatics* is a specialist, technical word, it refers to something that is very familiar: how we communicate with each other and keep good relationships.

Tomoko Tode

じゃ、私もやってみましょう。Let me look up the word *pragmatics* in some of my dictionaries.

・the study of how words and phrases are used with special meanings in particular situations (*Longman*)

・the branch of linguistics that deals with the meanings and effects which come from the use of language in particular situations (*Collins COBUILD*)

・the study of the way in which language is used to express what sb (somebody) really means in particular situations, especially when the actual words used may appear to mean sth (something) different (*OALD*)

なるほど、「語用論」という訳語だけではなく、こうやって複数の辞書を見てみることで、より鮮明になってきました。語用論というのが、ことばが場面や状況の中で、それに応じた特別な意味を帯びてくる、そんなことに関わる研究分野なんだということが。

Kisho Nishimitsu

「暑いですね」のひとことでも、その人と話を始めるきっかけづくりの意味だったり、時には、「エアコンのスイッチを入れてください」というお願いの意味だったり（笑）。

Takashi Ishida

そういえば、2022 年度で退職された市川薫先生（広島修道大学名誉教授）が「辞書というのは、意味ではなく、あくまで語義が記載されているものである」とおっしゃっていたのを思い出しました。

Tomoko Tode

深いお言葉ですね！　石田先生、できれば意味と語義の違いについて、もう少し説明してもらえませんか？

Takashi Ishida

はい！　例えば「りんごって何？」と聞かれて「赤くて甘い果物」と答えた場合、それはおそらく「意味」であって「語義」ではありません。

Kisho Nishimitsu

なるほど…我々が抱くりんごのイメージが語義であるとは限らないのですね…（笑）！

Takashi Ishida

なぜなら「赤くて甘い果物」はりんご以外にもたくさんありますよね？ いちごやさくらんぼ、場合によってはトマトも入るかもしれません（笑）。

Kisho Nishimitsu

たしかにいわれてみれば…（笑）。

Takashi Ishida

そこで多くの辞書で調べてみると、りんごの語義は共通して「バラ科の落葉高木」と書かれています。そもそも果実を指していないこともここから分かります。

Kisho Nishimitsu

りんごは、語義としては、樹木の1種であるということですね！

Takashi Ishida

そのようです！　したがって、りんごを果物や果実として捉えられるのは、りんごといえば普通スーパーにあり、家で食べる果物である、という我々の主観的な経験に基づく「認識」（＝意味）といえます。このように考えると「語義」と「意味」の違いがはっきりと見えてきます。

Tomoko Tode

石田先生、ありがとうございます！　意味と語義の違いについて、よくわかりました。このように考えると、Jim 先生が先ほど挙げていた *pragmatics* が、日本語で「語用論」と訳される理由も見えてくるように思ったのですがどうでしょうか。

Takashi Ishida

はい、私もそう思います！　戸出先生が挙げてくださった *pragmatics* の3つの語義についてですが、なるほど辞書によって性格の違いがよく表れているなーという印象を抱きました。

Tomoko Tode

といいますと？

Takashi Ishida

個人的に一番具体的でイメージがわきやすいなと思ったのは、「話し手」（＝ *somebody*）が明示されている *OALD* でしょうか。

Tomoko Tode
いわれてみればそうかもしれませんね！

Takashi Ishida
一方で、3つの辞書に共通している情報として "used / usage"（用いられる／使用）や "situation"（状況、場面）という語が挙げられますね。

Tomoko Tode
たしかにそうですね。

Takashi Ishida
異なる辞書であってもそれぞれに共通する情報というのは、*pragmatics* という語彙が本来的に持っている最も重要で不可欠な情報、つまり「語義」でしょう。一方で、話し手やコミュニティによって**その語彙をどのような場面や状況で使うか、というときになって初めてこの語彙の「意味」が決まる**といえるのではないでしょうか。

Tomoko Tode
なるほど、意味と語義の違いの話は奥が深く面白いですね！　西光先生は、何か気になることはありますか？

Kisho Nishimitsu
石田先生、語義と意味に関する興味深いお話、ありがとうございました。私見ですが、学生の皆さんは訳語を覚えることが単語の学習だと認識しているように思います。

Tomoko Tode
なるほど…。具体例などはありますか？

Kisho Nishimitsu
例えば、*in* は「〜の中」、*from* は「〜から」といったように、相当する日本語訳で暗記していて、どのような語義があるのか、という点までは注意が払われていません。

Tomoko Tode
たしかにそうですね…。暗記で必死、というきらいがありますね。

Kisho Nishimitsu
辞書には様々な用法が明記されています。例えば、*in* には「分野」という

用法がありますので、そういったことを地道に調べていくことで体系的にことばが理解できるようになるのではないかと思います。

Tomoko Tode
おっしゃる通りだと思います。

Kisho Nishimitsu
辞書で思い出しましたが、この前、ある授業で「辞書の引き方を教わったことがない」という声がありました。

Tomoko Tode
最近は便利になって、電子辞書などやオンラインで簡単に調べられますもんね。

Kisho Nishimitsu
そうなんです。ただ、**辞書を調べるにも文法の知識が欠かせない**点は学生に知っておいてほしいのです。なぜなら、ことばは品詞によって意味が異なりますので、辞書を引くためには、その単語がどの品詞で使われているかを理解する必要があるからです。

Tomoko Tode
なるほど、辞書の活用と文法知識との間には密接な関係があるわけですね！

Kisho Nishimitsu
そう思います。例えば、動詞であれば、自動詞と他動詞のどちらであるか、ということも重要な要素ですよね。やみくもに調べるのではなく、根拠に基づいた辞書の引き方を身につけてほしいですね。

4. 発音はなぜ大切なのか？

Tomoko Tode
発音についてはいかがでしょうか？　第二部の第1章にも書かれていますが、英語はネイティブスピーカーだけのものではないですよね。

Jim Ronald
You mean English is owned by everyone in the world?

Tomoko Tode

Yes, because English is used internationally, not only in the UK and the US. 〈国際語としての英語〉(English as an international language) です。「誰のものでもない」言い換えると「自分のもの、みんなの言語」ですね。その考え方では、ネイティブスピーカーの真似ではなく、自分らしい英語で、しかも、**みんなに伝わるような発音を身に着けよう**ということが強調されています。つまり求めるべきは、〈伝わりやすさ〉(intelligibility) ですね。

Takashi Ishida

発音に関しては、僕も〈国際語としての英語〉の意義を理解して、だれにでも伝わる英語を目指していくべきだと思います。日本にいれば、例えば広島のような観光名所であればなおさら、英語母語話者のみならず、アジアやヨーロッパ出身の非英語母語話者の方々と英語でコミュニケーションをとらなければならない場面が多いはずだからです。

Kisho Nishimitsu

いわれてみれば、そうですね！　僕自身、学生時代に留学したときには非英語母語話者の方と話す機会が多かったです。海外から広島に観光に来る方々も、色々な国から来られるわけですから、一括りに「海外の方」とするのは考えたほうが良いかもしれませんね。

Jim Ronald

In that respect, catching a wide range of accent is really important.

Tomoko Tode

それと、わからなかったら聞き返したり、理解を確認し合ったりすることも大切ですね。

Takashi Ishida

一方で、IELTS や TOEFL のような留学や VISA 取得時に必要になる英語力の資格試験には、Pronunciation（発音）の評価項目があり、この点が低いがために、全体の評価が下がっている人が多いとうかがったこともあります。留学や英語教員、その他高度な英語運用能力を駆使する職業などを目指す人には、なるべく正確で自然な英語の発音を学んでほしいとも思います。

Tomoko Tode

〈国際語〉といっても、どんな発音でもいいということでは決してないの

で、**基本はしっかりと身につけてほしい**ですね。学生に音読させていて、これは伝わりにくいと思うのは、I や she, would などの機能語を、いつでも（あえて強調する必要がない場合でも）強く発音したり、センテンスの最後が聞き取りづらいです。大学には「英語音声学」という授業があるので、これを受けて発音の基礎を身につけることができます。

Kisho Nishimitsu
文学の授業でも、音声を意識した授業ができそうです！　**発している音と感情や背景などを念頭に置いた朗読**など、面白いと思います。

Tomoko Tode
それはいいですね！　イントネーションの役割を意識して朗読するととても面白いと思います。例えば、同じ Please でも、平坦に発音するのと、上げてすとんと下げるのと、上がり調子で発音するのとでは、その意味合い、そこに込められている感情、それが発せられている場面・状況が異なりますもんね。

Kisho Nishimitsu
実際に英語圏の演劇を学生が演じ、ゼミの学習に取り入れている大学もあります。

Tomoko Tode
ぜひ、先生のゼミでもやってください！

Kisho Nishimitsu
やってみたいですね。発音によって登場人物の感情に複数の解釈ができることがわかれば、物語の読み方にも広がりができます。単純に英語を読むのではなく、英語の知識を使った分析に繋がると思います。

Takashi Ishida
詩の朗読なんか良いんじゃないですか？

Kisho Nishimitsu
はい。発音ということでいえば、文学作品の考察では韻に注目することがよくあります。詩はもちろんのこと、小説でも韻に着目することは重要です。例えば、ある登場人物のセリフに韻が踏まれているとしたら、その中で使われている単語には何か重要な意味が隠されているかもしれません。頭韻や脚韻など色々な韻がありますが、**前提として韻律を発見するには正しい発音の知識が不可欠**ですので、しっかりと勉強してほしいと思います。

5.　これからの時代、言語とどうつきあうか？

Tomoko Tode

自動翻訳機など、すごい勢いで進歩していますが、これを英語学習にどう賢く活用すればいいか、考えていく必要がありますね。

Jim Ronald

There are two recent technological advances that, to me, offer a lot of opportunities — and temptations — to language learners: machine translation (MT, e.g., Google Translate or DeepL) and AI such as ChatGPT. Last year, in one class for 2nd or 3rd year students, we compared machine translations from different companies, then discussed various ways in which MT can be used as a tool for language learning.

Takashi Ishida

最近の AI はすさまじい勢いですよね！　僕はまだ授業等で実践できていないのですが、例えば英作文がメインの授業があれば、学生に、自分たちが書いた英文と AI が生成した英文を比較させて、どこがどう違い、その文脈ではどちらの英語表現の方が適切であるかなどについて、英文法の観点から根拠を持って説明してもらうようなことをすると良いかもしれないな〜と思っています。

Jim Ronald

As for ChatGPT, I've started using it with voice recognition to have a kind of conversation in Italian. The output is not really like a conversation, but it does tell me a lot, for example when I ask about beautiful towns in Italy! And, through doing it I get to use quite a lot of Italian — speaking, listening, and reading.

Kisho Nishimitsu

ロナルド先生のように音声機能を使うことで、様々な言語で疑似会話もできるわけですね。これから更にテクノロジーが進歩していくでしょうから、ロナルド先生がイタリア語学習に使われている方法を、英語学習にも効果的に使っていきたいところです。

Tomoko Tode

良いツールとして活用する、そして、そのためには、判断力が必要、確か

な判断をするためには、英語についての正しい知識が必要、相乗効果が期待できますね。

Takashi Ishida

その通りだと思います。AI が作り出す英文は、完璧な英語などではなく、あくまで、オンライン上にある英文を統計的に処理して産出されていくというのが基本機能であるため（AI には人間のような思考はないですし）、結局は、**自分の意図した意味合いやニュアンスに本当に合致しているかどうかを自分自身（人間）で判断する**しかないように思います。AI があくまでツールであるということさえ見失わなければ、良いツールとして英語学習にも役立っていくのではないでしょうか。

Tomoko Tode

全く同感です。コラム④と⑤ではテクノロジーの活用についてアドバイスが書かれています。ぜひ活用してください。私もそうします（笑）。Jim, you are learning Italian as well as French and Japanese! Great! Being multilingual has good effects on learning additional languages, a kind of synergy.

Jim Ronald

I also forgot most of the foreign language I studied at school, too! But now I've found, both for myself and for my students, that just by starting to see these "foreign languages" as languages to use rather than just study, our attitude, our studies, and our actual learning can change for the better.

Tomoko Tode

Jim 先生は、フランス語やイタリア語など、様々な言語を学んでおられますが、西光先生、石田先生はどうですか？　私は、大学時代（大昔！）、フランス語を２年間学んでいました。もう、ほとんど覚えていませんが、英語とはまた違った響きがあり、楽しかったのを覚えています。

Kisho Nishimitsu

私は学生時代に、もう少し色々な言語を勉強しておけば良かったと後悔しています。最近は、ただ言語を勉強するだけではなくて、**背景の歴史とかを含めて学ぶ**ことも有効だと感じています。言語の知識は色々なものに気づかせてくれますよ。

Tomoko Tode

文学作品や文化にふれる際、言語の歴史や知識によって、どのようなことに気づけますか。

Kisho Nishimitsu

アメリカ人の名前でもドイツ系とかイタリア系の名前がありますよね。そういった背景を持って映画や小説など見ると、登場人物の言動の背後に民族的な歴史が密接に結びついていることに気づけます。アメリカの小説を基にした映画の中で、ある男性がユダヤ系の人物と強い繋がりがあるように描かれているものがあります。その男性の名前はギャッツビーというのですが、この苗字はドイツに由来があるそうです。その前提を持って作品を見ると、登場人物のセリフや言動などが、色々な意味を帯びて見えてきます。

Takashi Ishida

私は、学生時代は第二外国語としてドイツ語を主に専攻して、勉強会ではフランス語も少し読んだ記憶があります。また単位に関係なく中国語の授業も受講しました。言語学が専門なので、いろいろな言語に触れていてよかったなと思います。ひとつ後悔しているのは、現代ではなかなか学ぶことができない言語（ラテン語やサンスクリット語など）も学ぶべきだったなということです。

Jim Ronald

To me, being a fellow foreign language learner helps me understand my students' experience.

Tomoko Tode

That's right! 私も何年か前、ラジオでスペイン語講座を聞いていて、それがよくわからなくて、発音の仕方とか。もっと丁寧に教えてほしいと思ったりして、学生の気持ちが少しわかった気がしました（笑）。

Jim Ronald

And it's a good way to investigate technology for language learning.

Tomoko Tode

そうですね！　AIを始めとするテクノロジーも駆使し、幅広い知識や技能を身につけて欲しいと思います。

　いかがでしたか？　英語とのつきあい方を様々な観点から考えてきましたが、大学での学び方のヒントになれば幸いです。英語をはじめとした言語とのつきあいは一生続きます。よりよいつきあい方を探っていきましょう！

コラム① 英語の辞書について

塩田弘

　映画化、アニメ化もされた小説『舟を編む』（三浦しをん作）の主人公は、出版社で辞書の編集に携わりますが、この本では言葉を「果てしない海」、辞書を「その大海を渡る一艘の舟」、辞書を編集することを「舟を編む」と表現しています。まさしく皆さんが「英語」という大海を上手に航海するためには、良い舟（辞書）を上手に漕いでいく（活用する）必要があります。英語の辞書には英和辞典の他にも様々な種類があり、目的や用途に応じて使い分ける事が必要となりますので、本コラムでは、様々な種類の英語の辞書について紹介します。

辞書の語義と英和辞典の訳語

　小説『舟を編む』で主人公は、方角の「右」という単語をどう説明するかと問われ、「体を北に向けたとき、東にあたるほう」と答えます。誰にとっても変わらない共通する「右」の意味＝「語義」は、英語では "right" を英英辞典で調べると載っていますが、辞書を開くと、この単語には大きな広がりがあることが分かります。英和辞典では「"right" ＝右」という「訳語」が出ていますが、「訳語」を知るだけでは不十分で、品詞（形容詞、副詞、名詞、動詞）による意味の違い、用例、派生語などをじっくりと辞書を「読む」ことが大事です。辞書によっては「right には、なぜ「権利」と「右」の意味があるのか」も説明しています。その説明によると、"right" は、「まっすぐにする」を意味する語に遡り、後に「基準」「正常」「正義」「権

利」等の概念と結びつけられたこと、そして「右優勢・左劣勢」の概念から、正しいものは「右」に関連付けられたとのことです(『ジーニアス英和辞典第 6 版』)。このように辞書にはあらゆる角度から「英語」という大海を上手に航海するための航海情報が満載なのです。

　英語の辞書には、学習向け、一般向け、専門辞書・事典等、様々なものがありますので、それぞれ代表的なものを挙げていきます。

英和辞典：学習英和辞典と一般英和辞典

(1)　学習英和辞典は、約 10 万語前後の収録語句で、文法・語法・例文など、学習者に必要な情報を満載した辞書です。『ジーニアス英和辞典』(大修館書店)をはじめ、多くの出版社が様々な学習英和辞典を出版しています。それぞれ特徴があり、編集者は使いやすい辞書編集のため切磋琢磨しています。

(2)　一般英和辞典は、学習英和辞典に比べ語彙数は多い一方、文法や語法の解説は少なくなっています。『リーダーズ英和辞典』(研究社)は専門用語や固有名詞を多く含めた 28 万語をコンパクトにまとめた英和辞典で、関連する辞書には、初版の補遺版として 19 万語収録の『リーダーズ・プラス』(研究社)、ハンディー版で 18 万語収録の『リーダーズ英和中辞典』(研究社)があります。

　　百科事典サイズの大事典としては、『英和大辞典』(研究社)、『ランダムハウス英和大辞典』(小学館)、『ジーニアス英和大辞典』(大修館書店)、『グランドコンサイス英和辞典』(三省堂)等があり、それぞれ 25 万語から 36 万語の語彙を収録しています。CD-ROM とオンラインで使う『英辞郎』(アルク)では、英和と和英合わせて 100 万語以上の収録語彙となっています。

英英辞典：学習英英辞典とネイティブ向け英英辞典

(3)　学習英英辞典は、英語を教えるために大正時代に来日した A・S・ホーンビー(Albert Sidney Hornby)らが外国語として英語を学ぶ人ののため

に作った英英辞典『新英英大辞典』(**ISED**)(開拓社)が出発点で、その原稿は、校訂の後、*Oxford Advanced Learner's Dictionary*(**OALD**)として復刊され、現在は第 10 版が出版されています。この辞書では、3,000語の重要語彙で見出し語を説明しています。この辞書もパソコンやスマートフォンなどでも使え、文章作成のための "iWriter" や、発音・会話表現の習得のための "iSpeaker" などのコンテンツもあります。

その他の代表的な英英辞典には、2,000 語の語彙で見出し語を説明する *Longman Advanced American Dictionary*(**LAAD**)、語義がセンテンスで書かれている *Collins COBUILD English Dictionary for Advanced Learners*(**COBUILD**)などがあります。

(4) ネイティブ向け英英辞典は、英語母語話者にとっての「国語辞典」のようなもので、語義を簡潔に説明したものから、大事典まで様々な種類があります。その中でも *Oxford English Dictionary*(**OED**)は、最も権威があるとされる英語辞書の 1 つで、11 世紀半ばから現在までの英語の歴史的変遷や用例などを最も詳しく説明しています。冊子体なら20 巻もありますが、オンライン版は大学図書館で「データベース検索」も可能です。

専門辞書・事典

(5) 類義語辞典は同じような意味を持つ言葉をまとめた辞典で、*The New Roget's Thesaurus in Dictionary Form*、*Oxford Learner's Thesaurus*(※翻訳版は『小学館英語類語辞典』)などがあります。*Longman Language Activator* は、類語辞典に英英辞典の機能を併せ持つ辞書で、英文を書くときに便利です。

(6) コロケーション辞典は英語の慣習的な語と語のつながりについて説明するものです。*Oxford Collocations Dictionary for Students of English*(翻訳版『小学館オックスフォード英語コロケーション事典』)、『新編英和活用大事典』(研究社)などがあります。

(7) 発音辞典 : *BBC Pronouncing Dictionary of British Names*、『固有名詞英語

発音辞典』三省堂、発音ガイド **FORVO**（https://ja.forvo.com/）

（8）　**人名辞典**：*The Century Cyclopedia of Names*（名著普及会）、『岩波西洋人名辞典』（岩波書店）、『岩波＝ケンブリッジ世界人名辞典』（岩波書店）

（9）　**図解辞典**：*I See All*（名著普及会）、『図解英和辞典』（オックスフォード大学出版）

（10）**故事成語事典**：『ブルーワー英語故事成語大辞典』（大修館書店）、『イメージ・シンボル辞典』（大修館書店）

（11）**略語辞典**：『英語略語辞典』（研究社）

（12）**逆引き辞典**は、単語の語末要素（-ate, -able, -friendly, -ism など）や複合語の後ろの語で引く辞典で、『プログレッシブ英語逆引き辞典（コンパクト版）』（小学館）などがあります。

（13）**英語学・言語学関連辞典**：『オックスフォード言語学辞典（新装版）』（朝倉書店）、『明解言語学辞典』（三省堂）、『最新英語学・言語学用語辞典』（開拓社）

　辞書には、冊子体（紙の辞書）、電子辞書、CD-ROM、オンラインなど、様々な媒体があります。電子辞書なら検索方法も様々で、「ジャンプ」「クロスリファレンス」「あいまい検索」など、便利な検索方法があります。一方、冊子体の辞書は一覧性に優れ、関連情報を得る上で便利です。

　小説『舟を編む』では、辞書作りには一冊に 15 年もの歳月がかかることが書かれています。改訂を重ねている辞書などはたくさんの人が膨大な手間と時間をかけていることを考えると、辞書に愛着を持ち、上手に活用して英語の大海を渡っていくことができるでしょう。

参考資料

三浦しをん（2011）『舟を編む』光文社
※辞書のリストは、石田崇（2023）「辞書の種類「修大基礎講座」資料」を一部変更の上、活用させていただきました。

II

学問の世界へ、ようこそ

第1章 | # 英語の冒険
—Developments of *Englishes*

水野和穂

1. はじめに

　この章では、みなさんが関心を持っている「英語」とはどのような言語であるかについて、英語の発達の視点から考えます。本論に入る前に次の問いに答えてみてください。答えは本論の中で示します。

(1)　「英語」はどこの言語でしょうか？

(2)　「英語」の使用者は何人いますか？　また、「英語」は誰のものでしょうか？

(3)　次の日本文の意味になるように（　）内に適切な語を入れてみましょう。

　a.　「太郎はこのクラスで一番背が高い」

　　　Taro is the (　　　　　　) in this class.

　b.　「日本語は、最もむずかしい言語の1つといわれる」

　　　Japanese is said to be one of the (　　　) difficult languages to master.

　　　＊答えは容易だと思います。では、なぜ英語には2つのタイプの比較の表現方法があるのでしょうか。

2.　さまざまな英語

　はじめに次の (4) – (6) (Horobin 2016: 2–9) の例を見てみましょう。

(4)　Old English (古英語)

　　　He cwrœð,: soðlice sum man hæfde twegen suna. þa cwrœð se yldra to his fæder; Fœder. syle me minne dæl minre œhte þe me to gebyreð,: þa dælde he him his œhte; þa œfter feawa dagum ealle his þing gegaderude se gingra sunu: and ferde wrœclice on fœrlen rice. and forspilde þar his œhta lybbend on his gœlsan; þa he hig hæfde ealle amyrrede þa wearð mycel hunger on þam rice and he wearð, wœdla;　　　　　　　(Horobin 2016: 2)

(5)　Early Modern English (中英語)

　　　And hee said, A certaine man had two sonnes: And the yonger of them said to his father, Father, giue me the portion of goods that falleth to me. And he diuided vnto them his liuing. And not many dayes after, the younger sonne gathered al together, and tooke his ioumey into a farre countrey, and there wasted his substance with riotous liuing.

　　　　　　　　　　　　　　　　　　　　　　　　　　　(Horobin 2016: 4)

(6)　Modern English (現代英語)

　　　Jesus continued: There was a man who had two sons. The younger one said to his father, "Father, give me my share of the estate". So he divided his property between them. Not long after that, the younger son got together all he had, set off for a distant country and there squandered his wealth in wild living.　　　　　　　　　　　　　　　　　(Horobin 2016: 9)

　一見全く異なったものだと思うかもしれませんが、実は、書かれている内容は全て同じで「新約聖書ルカ伝 15 章 11–13 節」の英語訳です。現代の英語 (6) は、1,000 年以上前にイギリスで話されていた言語 (4) とはほとんど似ておらず、かなり変化していることがわかります。これは日本語も同じ

で、みなさんもこれまで古典の授業で学んだ『万葉集』、『源氏物語』、『徒然草』の単語や文法は現代の日本語と異なっています。

　続いて、次の (7) と (8) を見てください。

(7)　Scots

　　　This, tae, he said tae them: There wis aince a man hed twa sons; an ae day
　　　the yung son said til him, "Faither, gie me the faa-share o your haudin at I
　　　hae a richt til". Sae the faither haufed his haudin atweesh his twa sons. No
　　　lang efterhin the yung son niffert the haill o his portion for siller, an fuir
　　　awa furth til a faur-aff kintra, whaur he sperfelt his siller livin the life o a
　　　weirdless waister.　　　　　　　　　　　　　　　　　　　　　(Horobin 2016: 5–6)

(8)　Tok pigin

　　　Na Jisas i tok moa olsem, Wanpela man i gat tupela pikinini man. Na
　　　namba 2 pikinini i tokim papa olsem, "Papa, mi ting long olgeta samting
　　　yu laik tilim long mi wantaim brata bilong mi. Hap bilong mi, mi laik bai
　　　yu givim long mi nau". Orait papa i tilim olgeta samting bilong en i go
　　　long tupela. I no longtaim, na dispela namba 2 pikinini i bungim olgeta
　　　samting bilong en na i salim long ol man.　　　　　　　　　　(Horobin 2016: 7)

これらも「新約聖書ルカ伝 15 章 11–13 節」の英語訳です。みなさんが普段接している英語とは異質であるという印象を持つと思いますが、これらは (4) や (5) のような古い英語ではなく、どちらも (6) と同様に現代の英語で、(7) はスコットランド、(8) はパプアニューギニアで用いられている英語です。同じ言語でも、特定の地域や人々によって使用されているものを「言語変種 (language variety)」と呼びますが、(6)–(8) は現代英語の変種で、その他「アメリカ英語」、「カナダ英語」、「オーストラリア英語」、「ニュージーランド英語」、「インド英語」、「シンガポール英語」、「ティーンエージャーの英語」、「コックニー (ロンドンの下町言葉)」、なども同様に現代英語の言語変種です。

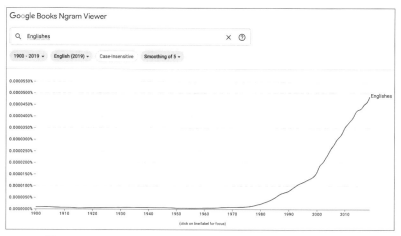

図1.　Google Books Ngram Viewer における 'Englishes' の頻度

　以上のように一口に「英語」と言っても、さまざまな英語が存在していま
す。一般に、英語では Japanese/ *Japaneses（日本語）、French/ *Frenches（フ
ランス語）のように、個々の言語について、その複数形は認められていませ
んが、Englishes は別で近年普通に用いられていることが図1のグラフから
読み取れます。

　1980年代（約40年前）より急激に複数形の Englishes が増加していること
がわかります。このように、日本語と異なり、英語にはさまざまな種類の英
語があります。それでは、英語は誰のものでしょうか。次節で考えましょ
う。

3.　英語話者の人数―英語は誰のもの？

　「はじめに」でみなさんに質問した問い(1)「英語」はどこの言語でしょう
か？　と(2)「英語」の使用者は何人いますか？　また、「英語」は誰のもの
でしょうか？　について考えます。

　これら2つの質問を日本語に置き換えて考えた場合、(1)については「日
本語は日本国の言語です」、(2)については「日本語の使用者は、約1億

2,500 万人（2022 年現在）です」というように、日本という国の場所と総人口を答えればすみます。ところが英語の場合はそう簡単ではありません。みなさんの中には、英語はアメリカ合衆国の言語であると思っている人がいるかも知れませんが、漢字が示すように英語は、「英国」、すなわちイギリス（正式には「連合王国」）で 5 世紀半ばから使用されている言語です。歴史的に説明すると、現在の英国に住んでいた人たちは、もともと英語を話していたわけではなく、この地域の先住民であった古代ブリトン人は、ケルト語を話していました。英語のルーツは、5 世紀半ばに海を渡って現在の英国に来たサクソン人、ジュート人、アングル人（「イングリッシュ」の語源となりました）が住んでいたドイツの北部地域やデンマークのユトランド半島で話されていた言語に遡ります。英語はその後の約 1,500 年の間にさまざまな歴史的変遷をとげ今日に至りました。そして、現在、英語は世界中で広く使用されており、英語を第一言語（母語）として使用する国々には英国、アメリカ合衆国、カナダ、オーストラリア、ニュージーランドがあります。また、公用語として英語が用いられている国々にはインド、パキスタン、スリランカ、バングラデシュ、シンガポール、マレーシア、フィリピン、南アフリカ、ケニア、ナイジェリア、スーダンなどが含まれます。日本語と異なり、いかに多くの地域で英語が主要語として使用されているかがわかります。さらに、英語はコミュニケーションの手段として非常に多くの国々で学ばれています。例えば、日本、中国、韓国、ヨーロッパ諸国、南アメリカ諸国と、ほぼ全世界で英語が国際言語として用いられています。

　以上の内容をまとめて、(1) と (2) の問いに解答します。英語は現在のドイツ北部地域やユトランド半島で話されていた言語をルーツとし、連合王国で形成され、その後世界中に拡散した言語です。今日、英語は、1) 第一言語として (ENL=English as a Native Language)、2) 第二言語、あるいは公用語として (ESL=English as a Second Language)、そして、3) 外国語として (EFL=English as a Foreign Language) 使用されています。つまり、英語は、第一言語話者の間だけでなく、第一言語が異なる人たちがコミュニケーションする際に共通語として使用する国際共通言語 (ELF=English as a Lingua

Franca）でもあり、もはや特定の国の言語ではないと理解していいと思います。英語の使用者数は、一般に ENL 約 4 億人、ESL 約 3 〜 5 億人、EFL 約 8 〜 10 億人と言われます。世界で約 20 億人（世界人口の 1/4）に近い数の人々が英語で何らかのコミュニケーションが取れることになります（Crystal 2018: 112–117）。5 世紀半ばの英語話者はわずか 15 万人だったと推定されていますので、英語の発展は目を見張るものがあります。次節ではその道のりを垣間見たいと思います。

4.　ELF（国際共通言語）の視点からの英語史―特に近代英語期以降の 4 つの経路

　現在では使用者が約 20 億人もの言語に成長した英語ですが、その道のりは決して平たんなものではありませんでした。英語の歴史は、古英語（5 世紀半ば〜 11 世紀）、中英語（12 世紀〜 16 世紀）、近代英語（17 世紀〜 19 世紀）、そして現代英語（20 世紀〜）に時代区分されますが、古英語の時代には、北欧よりバイキングの来襲（9 世紀から 11 世紀）がありました。英語の歴史上、その存在が最も危うい状況に陥った時期は、1066 年のノルマン人（現在のフランス北部にいた民族）によるイングランド征服後です。このノルマン人によるイングランド侵攻により、その後約 300 年間、フランス語を話す人々による政権が確立しました。この事件により英語は非常に大きく変化します。当時、イングランドを統治していた王や貴族が話していた言語は古ノルマン語（フランス語の一種）であったため、その言語的特徴が当時の英語に浸透していきました。その後数世紀にわたり、英語は平民の言語とみなされ、フランス語が話せることが政治、法律、行政の分野、そして、貴族社会でのステータスとなりました。言い換えれば、この時期の英語は、英語に対する社会的制約により死滅しかけた言語の様相を示していました。しかし、フランス支配の後期になると、英語は徐々に国民の誇りの象徴として肯定的に捉えられるようになり、1362 年からはフランス語に代わって国の公用語として復活します。中英語期には 1 万語以上のフランス語が英語に入り、特に食や政治、司法制度にまつわる語彙が流入しました（例：*mutton, pastry, soup, parliament, justice, alliance, court, marriage*）。また、ゲルマン語の多くに残っている性差に基づく語形の違い（女性形、男性形、中性形）も解消されるなど、大規模な語形の変化も生じました。フランス語の影響は文法にも及び、その一例が冒頭の質問（3）で尋ねた英語の比較表現です。現代英語の比較表現には、（3）a. のように形容詞・副詞の語尾に -er/-est を付加する場合と（3）b. のように形容詞・副詞の前に more/most を置く 2 つの方法があります。古英語では、上述したようにドイツ語（German、ゲルマン語）の仲間で（3）a. タイプ（Taro is the ***tallest*** in this class）の比較表現が一般的です。一方、（3）b. タイプ（Japanese is said to be one of the ***most*** difficult languages to master）はフランス語の比較表現で、ノルマン人が征服後、英語にもたらしたものです。このように、中英語は極端に言えばドイツ語とフランス語が交じり合った言語で、（4）で示した古英語とはかなり異なったものとなりました。

　後期中英語になると英語は国力とともに完全に復活して、近代英語期である 17 世紀より始まった植民地政策により、英語は世界へ拡散していきます。最初の拡散は、17 世紀から 18 世紀にかけて生じました。これは、イギリス諸島から北米、オーストラリア、ニュージーランドへ英語話者が大規模に移住したことによります。さまざまな方言を話す人々が混在する中で、英語はそれぞれの地域で多くの言語的変化を遂げ、新たな変種を生みました。続く第二の英語の拡散では、イギリス出身の植民地支配者と現地の先住民との接触により、英語が第二言語または追加言語として新しいコミュニティに浸透していきました。例えば西アフリカでは、貿易植民地や港湾の開拓により英語話者との接触があり、ナイジェリア、ガンビア、ガーナ、シエラレオネ、カメルーンでの英語は奴隷貿易と関連していました。また、南アジア（現在のインド、ネパール、パキスタン、バングラデシュ、ブータン）、香港、シンガポールにも英語がもたらされました。

　英語の世界への拡散は、これまではその時期や地域のみによって検討されるのが一般的でしたが、新しい視点として次の 4 つの経路を考慮することが提案されています。

　　（経路 1）入植者による植民地化　　（経路 2）奴隷制
　　（経路 3）貿易と搾取植民地　　　　　（経路 4）グローバル化

（経路 1 〜 3）は西欧諸国の植民地主義政策に起因するものですが、最後の（経路 4）グローバル化は近年のもので、植民地主義政策以外の力によって、歴史的には英語との接触が限られていた地域に英語が広まったことを意味します。地理的・時期的な要因だけではなく、4 つの経路を通じて英語の拡散を見ることにより、これまで説明が難しかった事実を説明することができます。例えば、現在カナダの公用語は英語とフランス語ですが、英語圏（主にカナダ西部）への英語の伝播は、そのほとんどが入植者による植民地化（経路 1）を通じておこなわれましたが、より最近のカナダ東部地域のフランス語圏への英語の伝播は、大部分がグローバル化の力によるものです（経路 4）。同様に、ハワイへの英語の伝播は、当初は砂糖プランテーション（経路 2）を通じておこなわれましたが、現在ハワイで広く使われている英語は、米国によるハワイ併合（1898 年）後の 20 世紀以降の入植者による植民地化（経路 1）によって発達しました。このように、地理的に定義された地域や歴史的に定義された出来事ではなく、4 つの経路を通して英語の拡散を検討することで、同じ場所、同じ時期の複数のタイプの拡散を説明することができるようになります。また、「奴隷制」（経路 2）、「搾取植民地」（経路 3）という表現より、英語の普及は必ずしも人道的・平和的な動機から生じたものではないことがわかります。これらの点に関心を持つ人は、是非、卒業研究等の研究テーマとして検討してみてください。

5.　英語の未来

　前節では現在に至るまでの英語の発展の歴史をたどり、英語は、発祥の地である連合王国だけに留まることなく世界中に拡散し、現在では多様な英語（Englishes）が用いられている状況をみました。それでは、英語の未来について考えてみましょう。Goddal（1997: 60）は、さまざまなデータに基づい

て、2050 年の英語使用者数を予測しています。2020 年代には、ESL 話者が
ENL 話者の数を上回り、EFL 話者の数もピークに達するとしています。し
たがって、2030 年以降、ENL 話者は 3 つの英語話者グループの中で最も少
なくなり、英語は第一言語話者間よりも非第一言語話者間で使用される機会
が増えることが予想されています。

　近年の生成 AI による翻訳や通訳の技術の進展は驚くべきものであり、特
に英語使用者の増加が予想される将来において、AI テクノロジーはコミュ
ニケーションの支援手段として大いに役立つでしょう。しかし、外交やビジ
ネスなど、迅速なコミュニケーションが要求される状況においては、翻訳や
通訳を介さずに直接的かつ即座に英語（特に話しことばの英語）でコミュニ
ケーションできるスキルが不可欠です。

　最後に次の図を見てみましょう。図 2 は、世界経済全般について協議す
ることを目的としたヨーロッパ諸国を中心に日・米を含めた 37 ヶ国の先進
国が加盟する経済協力開発機構（OECD）が予測した 2060 年までの世界主
要国の GDP（国内総生産）の推移予想です。

　2011 年と今から 40 年後の 2060 年を比較すると、インドと中国は著しく
成長することが予想されます。一方、アメリカ合衆国、日本、EU 諸国を中
心とした OECD に所属している国々の GDP は減少傾向です。日本の国力
が徐々に弱くなるということを知ってがっかりした人もいるかも知れません
が、今この予測を知ったことは、英語を専門として学習しているみなさんに

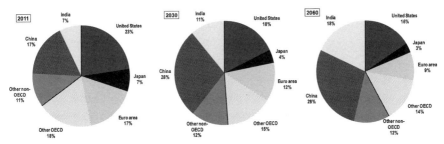

図 2.　2011 年、2030 年、2060 年の主要国の GDP の占有率（OECD 2012: 23 より）

とって、是非チャンスであると考えてください。このGDPの推移予測より、世の中は前節でみた「経路4グローバル化」がさらに進むことがわかります。すなわち、英語はますます「世界の共通語」として主要な位置を占めることになることを意味します。英語が世界の共通語であることを強く認識して、日本語に加え英語での即座のコミュニケーションができる力を身につけていれば、これからの時代に遅れることなく生活してゆくことが可能です。是非、英語という言語についてよく学び、しっかりとした英語力を身につけることに励みましょう。

参考文献

Crystal, David（2018）*The Cambridge Encyclopedia of the English Language*. 3rd ed. Cambridge: Cambridge University Press.

Goddal, David（1997）*Future of English?: A Guide to Forecasting the Popularity of the English Language in the 21st Century*. British Council.

Horobin, Simon（2016）*How English Became English: A Short History of a Global Language*. Oxford: Oxford University Press.

OECD（2012）Looking to 2060: Long-term global growth prospects. *OECD Economic Policy Papers, No.3*.

私が薦める2冊

豊田昌倫（**1991**）『英語表現をみがく〈動詞編〉』講談社新書.

　残念ながら絶版ですが多くの図書館に所蔵されています。コミュニケーションで最も大切な英語の基本16動詞から2語動詞、助動詞に焦点を当て、様々な文例を示しつつわかり易く説明してあります。姉妹編の『英語表現をみがく〈名詞編〉』もお勧めです。

寺澤　盾（**2008**）『英語の歴史―過去から未来への物語』中公新書.

　英語の歴史についての書籍は多くありますが、現代英語を意識しつつ非常にわかりやすく書かれた入門書です。この本を読んで英語史に興味を持った人は、図書館により専門的な概説書、研究書が沢山ありますのでOPACを検索してみてください。

第2章 今に生きるシェイクスピア
——文学を学ぶことの意味

佐川昭子

　皆さんはウィリアム・シェイクスピアという人を知っていますか？　歴史や国語の授業、または劇や映画を通じて知っているかもしれませんね。私は、シェイクスピア研究者として、日々大学のゼミで学生たちに、また時には模擬講義で高校生たちに指導をしています。本章では、

(1)　シェイクスピアがどのような人であるのか
(2)　『ロミオとジュリエット』から学ぶ
(3)　文学を学ぶことの意味について

という3つの点について皆さんにご紹介したいと思っています。『ロミオとジュリエット』は争いあう2つの名家の男女が許されない恋に落ち、永遠の愛を誓うものの、様々な運命のいたずらともいえる困難に阻まれ、最後は死んでしまうという恋愛悲劇の傑作です。本章では「人を愛するということ」を大きなテーマとして、そこから文学を学ぶことへの意味につなげて話をすすめていきたいと思います。

1.　シェイクスピアはどのような人であるのか

1.1　時代について

　シェイクスピアは劇作家です。劇とは舞台上で演じられるものである以上「台本」が必要になってきます。皆さんはこれまでに見たことがあるでしょ

うか？　登場人物の名前と台詞だけで書かれた書物——一部にト書きと言っ
て、登場人物の態度や行動、その時の状況が数行書かれていることもありま
すが——ほとんどが台詞だけで構成されているものです。それが劇、難しい
言葉で「戯曲」というものです。シェイクスピアは生涯に 37 の作品を書い
た世界最高峰の劇作家と言われています[1]。

　彼が生まれたのは 1564 年 4 月 23 日、16 世紀のイギリスです。亡くなっ
た年は 1616 年 4 月 23 日で、誕生した日と亡くなった日が同じになってい
ます。彼の生誕年と没年を語呂合わせにして「人殺し、色々」と覚えます。
とても不吉な表記ですが、これは私のオリジナルというものではなく、古く
から英文学者をはじめとして、英文学を専攻する学生たちはこのようにして
覚えてきた有名な語呂合わせになります。話は少しそれますが、私の大学の
ゼミで学生たちとせっかくだから「4 月 23 日」の部分まで語呂合わせにし
てみるのはどうか、ということになり色々と候補を出しあったことがありま
した。「死に様（ざま）」から「詩の（または死の）文（ふみ）」また「よー兄さ
ん」まで色々出ましたが、最終的には「世に咲く」に落ち着いています。

　実際シェイクスピアの劇作品には簒奪者（さんだつ）や殺人者など多くのキャラクター
が登場するので、意味合いはおかしくないのですが、皆さんだったらどのよ
うにしてみますか？　さらに質問をしてみましょう。日本の歴史ではどのよ
うな出来事があった時代でしょうか？　1560 年桶狭間の戦い「イチコロ
（156）お（0）けはざま」や 1603 年江戸幕府開府「ヒーロー（16）を（0）見
（3）る家康公」など遠い昔、私も日本史の暗記をしたことがあります。つま
り、戦国時代の後半から江戸時代の初頭というところでしょうか。日本史の
中では最も活気と魅力がある時代の 1 つといえます。そして、この時代の
イギリスもエリザベス一世という女性君主の統治下でとても勢いのあった時
代でした。おおむねどのような文学・芸術でもいえることですが、繁栄した
時代に育まれたものはより未来に伝達されやすい傾向にあります。

1.2　生涯について
　シェイクスピアはイングランド中部のウォリックシャー（Warwickshire）

と呼ばれる地方のストラットフォード・アポン・エイボン（Stratford-upon-Avon）という町で生まれました。この町の名はエイボン川上流のストラットフォードという意味です。シェイクスピアが過ごした時代は美しいエイボン川が流れる緑の田園地帯が広がる落ち着いた地域でした。彼は手袋職人で商人でもある父親ジョンと裕福な農家の娘であったメアリー・アーデンの間に生まれました。当時イギリスでは大学に通う知識人はいましたが、シェイクスピア自身はグラマー・スクールと呼ばれる文法学校を卒業したのが最終学歴です。ただ、この学校は修業時間も長く、また規律も厳しく、その教育水準はとても高いものだったと言われています。彼がその学校で成績優秀であったかどうかを知る手がかりはありませんが、ここで彼は劇作に必要な歴史や外国事情、地理や修辞法などを学びました。シェイクスピアが創作した劇作品やソネット（詩）を見ると、いかに彼が知性と教養あふれる人であったかが良くわかります。

　18歳の時にアン・ハサウェーという8歳年上の女性と結婚し、スザンナという長女が生まれ、その2年後にはハムネットとジュディスという男女の双子に恵まれます。その後はいわゆる単身赴任でロンドンに出て、37の劇作品を書き上げ、自らも役者として演じたり、その演出に携わることもありました。彼の作品の多くはグローブ座という半分露天の、上から見るとドーナツ型の円形劇場で演じられていました。そして、そこへは身分を問わずたくさんの人々が劇を観に来たとされています。彼の作品で有名なところでは、これからお話ししようとしている『ロミオとジュリエット』のほか、四大悲劇とうたわれる『ハムレット』『オセロー』『リア王』『マクベス』などがあります。以前、シェイクスピアの模擬授業をした後の雑談で高校生と話す機会があったのですが、『ヴェニスの商人』の裁判のシーンのみを取り出して文化祭で上演した、という人や『夏の夜の夢』について音楽の時間に学んだ、という人がいました。この本を読んでいる皆さんは、何らかの形で彼の名前は知っていて、人によっては作品の内容まで知っているのではないか、と私は期待していますが、そうでなくても心配する必要はありません。文学における学びは楽しいことが1番だからです。

2. 『ロミオとジュリエット』から学ぶ

2.1　出会い

　さて、皆さんは男性であれ女性であれ、誰かに心を奪われる、という経験をしたことがありますか？　例えばスポーツで、超人的な技や大記録を繰り出す選手を観た時、その選手に対して。または素晴らしい芸術作品を生み出すアーティストに対して。あるいは社会の中で大きな影響力のある人を見た時、または世の中のために尽くす人、ボランティアをする人を見た時、そういう時に私たちはその行為と共にその人自身に心を奪われることがあります。一瞬の内に外見に心を奪われてしまう一目惚れもあるかもしれませんね。

　ここではシェイクスピアの恋愛悲劇『ロミオとジュリエット』の中でロミオが初めてジュリエットを見た時の2人の会話をご紹介します。今から400年ほど前に描かれた、恋する2人は一体どのようにして会話を始めるのでしょうか？

> ROMEO（to *Juliet*）
> If profane with my unworthiest hand
> This holy shrine, the gentle sin is this:
> My lips, like two blushing pilgrims, ready stand
> To smooth that rough touch with a tender kiss. (I,v,92–95)

> ロミオ（ジュリエットに向って）
> もし私のこの無価値な手があなたの聖堂を汚したなら
> 私は支払うべき罰金をここに用意したいと思います。
> 私の唇は二人の顔を赤らめた巡礼者のように
> あなたに荒々しく触れた部分を優しいキスで整えようとしています[2]。

この部分ではロミオがジュリエットを聖堂（holy shrine）にいる聖者（saint）に例えて表現しています。非常に凝った比喩でたたえていることがわかるで

しょうか？　上下2枚の唇を2人の巡礼者であると言って、ロミオはあわよくば彼女の手にキスをしようとしているわけです。現代なら一目見て好きになった人に、今声をかけないと一生会えないかもしれないという状況で、どのような声がけをするでしょうか？　皆さんだったらどうしますか？

　たとえば、「こんにちは。ここへはよく来るのですか？」や「初めまして。○○って知っていますか？」などといったように話を切り出すのではないでしょうか？　そのようにするしかない、という気がします。いずれにしても少なくとも「あの、ちょっといいですか…」という感じで話を始めることだと思います。初めて会う人がどれほど素敵な人であっても「あなたの聖堂が…」などと突然、比喩表現で話し始めたら、相手は警戒してしまいます。だからこそ、の軽めの「ちょっといいですか…」なのです。今、この機会をのがしたくない、この人をこのまま行かせてはならない、という真剣な気持ちを伝えたいからこそ相手に負担のない言葉で率直に伝えようとするわけです。

　しかし、『ロミオとジュリエット』に描かれた当時の人びとは大切な誰かをたたえる時にその人に敬意を払う目的で、意図せず自然な形でこのような壮大な比喩的言葉を発していました。それこそが真剣な気持ちを伝える手段だったわけです。さて、これに対してジュリエットはどのように返事をしたのでしょうか？

JULIET

Good pilgrim, you do wrong your hand too much,

Which mannerly devotion shows in this,

For saints have hands that pilgrims' hands do touch,

And palm to palm is holy palmers' kiss. (I, v, 96–99)

ジュリエット

善良なる巡礼者様、あなたの手はあなたが思うほど荒々しくはありません。

あなたの手がふれたこと、それは巡礼にふさわしい献身のあらわれ。

聖人たちだって巡礼者には手に触れて挨拶をするでしょう。
つまり、手を触れるということは巡礼者の挨拶なのです。

ここでジュリエットはロミオから例えられた巡礼（pilgrim）という比喩的な言葉に格式を合わせて返答しています。しかし、キスされること自体は拒んでいます。この部分は仮面舞踏会のシーンと呼ばれ、互いを聖者と巡礼になぞらえた若い恋人達の甘美なやり取りが続く『ロミオとジュリエット』における名場面の１つです。もう１つの名場面はバルコニーのシーンと呼ばれるものです。仮面舞踏会の後、気持ちの高まりあった２人は結局キスをして別れるのですが、互いに許されない間柄の恋であることを知ります。それでもなお恋焦がれ、そしてこの劇に描かれている多くの運命のいたずらの中で、ただ１つ良いいたずら——同じ夜に、ロミオがジュリエットの家の果樹園に迷い込んだこと——によって再会するのです。バルコニーからジュリエットが身を乗り出し、地上からロミオが彼女を見上げて愛を語り合うシーンは、劇そのものでなくても絵画や映像や何かのモチーフで見たことが皆さんにもきっとあるはずです。また、この場面でロミオが立ち去るときにジュリエットが語る台詞は世界で最も美しい別れの名セリフとしてとても有名なものです。

JULIET
Good night, good night! Parting is such sweet sorrow
That I shall say goodnight till it be morrow. (II, ii, 184–185)

ジュリエット
別れはこんなにも甘い悲しみ、
だから私は夜明けまでずっとさようならを言い続けたい

別れのキスをする瞬間は甘いけれど、さようならと離れるのは辛い、でもさようならというごとに甘いキスができる…という堂々巡りなのですが、ジュ

リエットのひたむきな思いの瑞々しさと愛の深さが表現されています。

2.2　心の問題

　なんだか 1 つ 1 つのことが大げさ、かもしれません。でもよく考えてみてください。一目で魂を撃ち抜かれるほどの恋に落ちてしまった、そして自分と生涯一緒にいるかもしれない人に対して、最初に発した言葉が「あの、ちょっといいですか…」であるのはなんだかつまらなくはないでしょうか。そういう一世一代の時だからこそ、忘れられないような美しい言葉で会話が始まるのがふさわしいのではないか、と思います。

　ここで表面的な言葉ではなく、心に目を向けてみましょう。好きになった人と初めて言葉を交わす時、ロミオとジュリエットは巧みな比喩を使って仰々しく声を掛けあっていました。今とは全然違うように感じます。けれども、心の中ではどうでしょうか？　皆さんは好きになった人に対してその人を神聖化したり、実は自分だけがわかる比喩でその人を例えたりしていることはないでしょうか。きっと心当たりはあるはずです。そういう観点からみると、現代に生きる私たちの感覚とおよそ 400 年前に描かれた作品の登場人物の思いの差というものは、たいしてないのかも知れません。つまり、愛情表現の仕方は違うけれど、相手を想う強い気持ちは同じだということです。初対面で心を奪われた人にどういう声がけをするか、という先の問いに対して、自分だったらどうするだろう、と皆さんが一瞬であってもハラハラ、ドキドキしたのと同様の気持ちを『ロミオとジュリエット』を観た当時の観客は持っていたというわけです。そういうことを考えるのはとても楽しいと思いませんか？

3.　文学を学ぶことの意味

3.1　日本文学に寄せて

　ここで 1 つ日本の例を挙げてみましょう。百人一首に収録されている歌の中にこのようなものがあります。

わびぬれば　今はた同じ　難波なる
みをつくしても　逢はむとぞ思ふ
元良親王

現代語訳は次のようになります。

ここまで悩み苦しんだのだから今はもう同じだ。
難波の海の澪標のように、この身が滅びても良いから
あなたに会いたい[3]。

　元良親王は恋多き人でしたが、許されない恋に悩んでいました。それが公になり、罰せられることになったという時に詠まれた歌です。「今はもう同じ」とは会っても身を亡ぼすことになるし、会わなければ死んでしまう、という点で同じという意味です。荒々しい海で激しい風雨にさらされる海の道標として建てられた杭「澪標」と「身を尽くし」を掛詞にして、破滅的な自身を表現しています。こんなにもストレートで激しい恋のメッセージがあるでしょうか。私が百人一首の中で1番好きな歌です。というのもシェイクスピア研究者である私にはこの激しい愛がロミオの愛と重なって仕方がないのです。

　先に述べたバルコニーのシーンで、ロミオとジュリエットは出会ったその日に結婚することを誓い、実際に秘密の結婚式を挙げます。しかしその後、ロミオは両家の諍いが発端となった若者同士の喧嘩騒ぎで殺人を犯してしまい、街から追放されるという罰を受けることになります。そこから加速度的に2人の運命は悪い方へと進んでいきます。ここでは詳しくは書きませんが、実はバルコニーのシーンにも、よく読んでみるとちりばめられた破滅の伏線があります。

　ここで挙げた『ロミオとジュリエット』と元良の歌は、創作上の登場人物と実在した人物、そして時代も国もまるで違うものですが、いずれも誰かを力強く愛したことがある人の心に強く訴えるものがあるというところが共通

しています。そしてそのことこそが人々の心をとらえる最大の魅力となっています。時代が変化すればものの価値観が変わることは往々にしてありますが、人の心とは——特に人を愛するという気持ちは——本質的に何も変わらないものなのです。

　文学とは少しドライになった世の中で忘れかけていた大事な何かを見つけ出すことができる学問です。そして文学において新しい解釈の可能性を見つけ出したい、またはこれまで述べてきたようなことを読んでみて、楽しいと思える人にとても向いた学問だと私は思います。

3.2　文学が与えてくれるもの

　現代社会には実学が重視される風潮があります。サイエンスやイノベーション、テクノロジー、そしてネットワークといった理系の分野こそが時代の中で価値を持つと公言する人もいます。

　しかしそれだけが世の中のすべてではありません。今 SDGs（Sustainable Development Goals）ということが盛んに言われています。これは 2015 年に国連で採択された 2030 年までに達成を目指す世界全体の目標の 17 項目です。実は文学や芸術の分野でもこういった世界の大きな指標の中に寄与することができることはたくさんあります。「質の高い教育」や「ジェンダーの平等」などです。まずは世界言語としての英語を使いこなせるとそういった項目について多くの人びとと情報共有をすることができます。そしてそれらについて語る上で、世界の共通認識としてある文学作品——例えば世界文学の最高峰といわれるシェイクスピアなど——を知っていると、そのプロット・ストーリーや解釈の中で、国を超えて感じる共通のものが確かに存在していることを知り、世の中がつながっているのを実感することができます。

　では個々の人間としての皆さんに目を向けて、文学が皆さんに与えてくれるものとは何でしょうか？　2017 年 3 月大阪大学の文学部長である金水敏先生が、同大学の文学部・文学研究科での卒業・終了セレモニーの式辞で次のように述べられました。

　「文学部の学問が本領を発揮するのは、人生の岐路に立った時ではない

か、と私は考えます」と⁴。これは世の中の、文学が一体何の役に立つのか、という問いに対しての実に明確な回答で、私の心にとても残っているものです。当時多くのメディアがこの式辞に対して反応し、話題となりました。ぜひ本文末尾の注釈に書いてある金水先生のブログ URL にアクセスして全文を読んでみてください。

　皆さんが歩む人生では今後色々な試練が訪れるかもしれません。行くか、戻るか、それすらできず暗闇に取り残されたような状況に陥った時、文学作品の中で同じように苦悩した登場人物を知っていることでそれが自分の次にとる行動の根拠となったり、またどうしてそのような行動をとったのか、という他の人からの問いかけに対して答えとなることがあります。そういったことは目先の利益とは異なる、生きる指標となりえる壮大なものです。人が何らかの困難や迷いにぶつかったとき、数字やデータだけで解決しようとしてもなかなかそういうわけにはいきません。その人が持つ苦悩を同じように経験した「人物」の行動により、何らかのヒントを得ることの方が現実的です。とりわけシェイクスピアほど万人を描き切った人はいない、と評されるほどその作品群の魅力は優れた人間描写にありますから、あなたの抱える苦悩に対応する登場人物が作品の中から必ず見つけられるはずです。そういう意味でシェイクスピアは明確に今に生きていると言えます。人は迫りくる問題を解決するためには結局自らで考え、納得した上で動くしかありません。文学が皆さんの人生で力を持つのはこのような時ではないでしょうか。

注

1　最近の研究では『二人の貴公子』『エドワード三世』『サー・トーマス・モア』を入れて 40 作品と考えることもあります。

2　引用は *Romeo and Juliet* (The Arden Shakespeare) を使用しています。日本語訳は筆者によるものです。

3　鈴木日出男『百人一首』(ちくま文庫) より。解釈を参考にして、現代語訳は筆者によるものです。

4　SKinsui's blog「卒業・修了セレモニー式辞」(2017 年 3 月 22 日、(skinsui.
　　cocolog-nifty.com/skinsuis_blog/2017/03/index.html) 朝日新聞 Withnews「文学
　　部って何の役に立つの？　阪大学部長の式辞が話題に　思いを聞く」https://
　　withnews.jp/article/f0170724005qq000000000000000W00o10101qq000015619A

参考文献

Shakespeare, William (2012) René Weis (ed.) *Romeo and Juliet*: The Arden Shakespeare.
　　London: Bloomsbury Publishing.
荒井良雄 (2011)『やさしいシェイクスピア』英光社.
河合祥一郎 (2013)『あらすじで読むシェイクスピア全作品』祥伝社.
河合祥一郎 (2016)『シェイクスピア―人生劇場の達人』中央公論新社.
倉橋健 (1979)『シェイクスピア辞典』東京堂出版.
鈴木日出男 (1990)『百人一首』筑摩書房.
戸所宏之 (2003)『はじめてのシェイクスピア―英文学の最高峰を楽しむ』PHP エディ
　　ターズグループ.

私が薦める 2 冊

荒井良雄 (2011)『やさしいシェイクスピア』英光社.
　シェイクスピアの伝記から、日本文化との関わり、そして地球文化としてのシェイクスピアにまで網羅されたこれ自体が 1 つの宇宙のようなスケールのシェイクスピア紹介書籍。初学者から研究者までシェイクスピアが好きな人ならだれでもその人に応じた理解で楽しめる本です。
河合祥一郎 (2013)『あらすじで読むシェイクスピア全作品』祥伝社.
　タイトルの通り、シェイクスピアの全作品(劇も詩もすべて含めて)のあらすじと、作品の背景、ポイント、名セリフについて書かれた本。ハンディーサイズでいつでもどこでもすぐに読めて、シェイクスピアの講義を 1 つ聞いた気分になれる本。私もあらすじの細かい部分の確認にいつも持ち歩いています。

第3章	複合的言語能力を育てる

戸出朋子

　あなたが塾で中学生に英語を教えることになり、英作文の小テストで生徒[1]A が (1) の文を、生徒 B が (2) の文を書いたとします。

(1)　　The party began at six.
(2)　　*The party begined at six[2].

当然、あなたは (1) の文に丸をつけて点を与え、(2) の begined には×（バツ）をつけて点を与えようとはしないでしょう。しかし、このことが必ずしも、(1) の方が (2) よりも学習が進んだ状態であるということを意味するものではありません。(1) を書いた A さんは、少し前に聞いた the party began という表現をそのまま覚えて書いただけかもしれません。それに対し、B さんは、規則動詞過去形の -ed を begin という動詞に適用する、という自分なりに作った文法が正しいかどうかを、小テストに解答することを通して検証している可能性もあります。この begined は教科書や辞書には載っておらず、見た目としては〈誤り〉であっても、B さんが〈自ら創造〉したものであり、〈学習している証拠〉とみなすことができますね。このように〈正しい〉ことと〈学習する〉〈発達する〉ということは必ずしも一致しないのです。私が専門とする第二言語習得研究は、母語を学んだあとでそれ以外の言語を学ぶ時、頭の中で何が起こっているのかを研究する学問で、目には見えない複雑な学習のプロセスを究明しようとします。

　私は、大学の授業で主に教職課程[3]を担当し、中高の英語教師の養成をし

ています。そして、私自身も、20 年ほど前に大学の教員になる前は、公立の中学校の英語教師でした。教室で英語を教える実践と私の専門である第二言語習得研究の間に関係はありますが、決して両者が直結するわけではありません。しかし、私の場合、中学生を相手に苦労しながらも真摯に英語を教えていた [4] ことから培われた経験知がなければ私の研究にはつながらなかったと断言できますし、英語教師をめざす人には、研究する心、学習プロセスを見る目を養ってほしいと思います。本章では、母語以外の言語を学ぶ時の複雑な学習プロセスの一端をお伝えします。そして、英語を学ぶということはどういうことなのかを一緒に考えていきましょう。

1.　中学校で学ぶ英語の文法は簡単か？

「中学校の英語ぐらいなら私も教えることができる」という声をよく耳にします。本当でしょうか。このことばには、「中学校で習う英語は簡単である」ということと「簡単なことは、英語や教育についての高度な知識がなくても教えることができる」という 2 つの思い込みがあるようです。何年か前、教員志望のある学生が、「私は中学時代、be 動詞もわかりませんでした」と述べていたことがありました。彼女は高校で先生に親身に教えてもらってわかるようになったらしく、その尊敬する先生のような高校の英語教師になりたいという理由で、このことを言ったのです。その時私は彼女に、「高校の先生ではなく、be 動詞をわかりやすく教えることのできる中学校の先生をめざしてはどうですか」と言ったことを覚えています。実は、be 動詞がわからない中学生はたくさんいて、私は本気で彼女にこのことばを投げかけていました。

中学校で習う英語を習得するのは一筋縄ではいかないのです。この be 動詞を例にとっても、それが表す意味や働きは抽象的でつかみづらいと思いませんか。be 動詞は、たとえば、This is my friend Ken. のように、小学校の入門期や中学 1 年生段階などの早い時期から導入され、生徒は、「友達を誰かに紹介するときは、このように言えばいいんだ」と理解し、表現を丸ごと覚

えて使うことでしょう。このように、言語の習得は、具体的な場面と言語表現を結びつけながら進んでいくものなので、「こういう時はこう使う」という経験をたくさん積み、表現をたくさん覚えることはとても大事なことであるといえます。その一方で、英語の先生は、This is my friend Ken. や I am Mei. や It's mine. が言えたからといって、be 動詞の意味や働きを習得できているわけではないことを知っておく必要があります。先に挙げたように丸ごとあるいはパターンとして覚えやすい例文なら言える一方で、「私の車は赤い」を*My car red. と be 動詞を使うことができなかったり、*I am speak English. と be 動詞を使ってはいけないところで使ったりすることがよくあるからです(Tode 2003)。前述の be 動詞がわからなかった学生も、このあたりで混乱していたのではないでしょうか。be 動詞が最初に教えられるからといって、教えられたその時に習得するということではないのです。その後、My car is yellow. そして The man sitting over there is a famous painter. などの様々な用例に接する中で、さらには be 動詞を使わない文(例、My brother eats a lot.)との比較を通して、自分自身で、徐々に、文例の根底に潜む主語と補語を繋ぐ be 動詞の規則性を感知していくものと思われます(戸出 2014)。このようにつまるところ、ことばの学習とは学習者自身が具体的な文例を通して学びを深めていくもので、教師には、学習者の頭の中で何が起こっているのかという第二言語習得プロセスに敏感になることが求められます。

2.　実はやっかいな主語

　英語の基本語順が〈主語+述語動詞+その他の語句〉であるということは、初級段階で身に着けるべき事柄ですが、英語における主語の習得も一筋縄ではいきません。大学生であっても、たとえば、

(3)　We cannot use the Wi-Fi in the room.

とすべきところを、

(4)　*The room cannot use the Wi-Fi.

と書くのをよく目にしますし、このことが論文で取り上げられることもしばしばです（例、梅原・冨永 2014）。(4) の文は、名詞句＋動詞句となっているので、一見したところ、主語＋述語動詞の英語の語順になっているように見えますが、ワイ・ファイを使う主体は部屋ではなく人なので、主語は we などの総称の人称代名詞であるべきです。では、なぜ、(4) のような文を書くのでしょうか。もうおわかりかと思いますが、おそらく、

(5)　その部屋は、ワイ・ファイが使えません。

といった日本語の影響だと思われます。「〜ハ」の部分を主語だと思っているのでしょう。

　日本語の助詞「ハ」は、主語ではなく〈話題〉(topic) を表す目印のようなものです。上の (5) の場合、「その部屋に関していえば」と、まず話題を提示し、その後で、その話題について「ワイ・ファイが使えない」と解説しています。日本語の場合、たとえば「広島は、お好み焼きがおいしい」や、料理のレシピ本での「キャベツは、千切りにする」など、話題を文頭に置く構造が多く、〈話題優越型言語〉(topic-prominent language) といわれています。

　改めて、英語の文 (3) と日本語の文 (5) を比べてみましょう。同じ事柄を

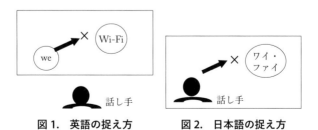

図 1.　英語の捉え方　　　図 2.　日本語の捉え方

表しているのに、ずいぶん表現の仕方が異なりますね。それは、両言語が好む出来事や状況の捉え方が異なるからだと考えられています。英語(3)の場合、この英文を発している人は、図1のように、状況から一歩離れたところから(言い換えると、外側からこの状況を眺めて)、使う主体である人(私たち)と使う対象のワイ・ファイに注目し、「私たちがワイ・ファイを使うことができない」と主体と対象の関係を鳥瞰図のように捉えています。それに対し、日本語(5)では、話し手は、図2のように、心の中でその部屋という場に入り込み(実際にその部屋の中にいるのかは別にしてですが)、ワイ・ファイが使えない事態が生じていると、出来事を肌感覚で捉えています(中村 2009)。この日本語のような捉え方では、使う主体である人、つまり主語は見えにくくなっていますね。このように、日英語の違いは単なることばの形といった表面上の違いだけではなく、出来事の眺め方に関するその言語特有の好みの違いといえます。母語ではない言語を学ぶということは、今まで慣れ親しんでいなかった眺め方を知るということでもあり、それが面白いといえるのではないでしょうか。

3.　中間言語―あなたの英語は立派なことば

　これまでの節では、一見単純そうにみえる英語の構造も、その習得プロセスは複雑なものがあり、学習者にとって第二言語(母語以外の言語)を学ぶということは時間のかかる大変な仕事だということを述べました。特に、前節の主語の習得の問題でも見たように、脳内に他の言語(母語など)の知識がすでに存在しているので、その影響を受けることになります。したがって、母語話者でない人が発する英語は、多くの場合、母語話者の規準から逸脱した正しくない、あるいは不自然な英語だということになります。この事実を私たちはどう考えればいいのでしょうか。本節で述べる〈中間言語〉(interlanguage)という概念と次節で述べる〈複合的言語能力〉(multicompetence)という概念が、母語話者の規準に達しない非母語話者の言語能力をどう見るのかという問題を考える鍵になります。

　第二言語習得研究は、誕生してまだ 60 年の比較的新しい学問です。誕生してから間もない 1972 年に、シュリンカー（Selinker 1972）という学者が、「Interlanguage（中間言語）」というタイトルの論文を発表しました。中間言語とは、〈学習者が目標の言語（我々の場合は英語）に到達する途上で構築した言語の知識〉、簡単に言えば、学習者の言語という意味で、前述の begined も中間言語の現れであるといえます。中間言語の〈中間〉とは、図 3 のように、学習者の母語でもなく、目標の言語でもなく、その中間に位置するという意味ですが、それよりも大事なのは、後半部の〈言語〉の部分です。中間言語は、英語母語話者や教科書という外側からの規準に照らすと〈誤り〉であったとしても、決して行き当たりばったりのものではなく、学習者自らが頭の中に創造した言語システムであるという意味です。このように見ると、中間言語は、その学習段階にあるその人のりっぱな言語であるということになるでしょう。

　あなたは、自分が話したり書いたりする英語を〈自分の言語〉と思えているでしょうか。そのように思える経験をどんどん積んでいってほしいと思います。あなたの英語であれ、私の英語であれ、英語の母語話者が話す英語と同じではないので、我々が話すのは中間言語、しかし、立派な言語です。あなたの伝えたいことを、力を振り絞って相手に伝えているのであれば、あなたの〈ことば〉といえるのです。同じことが、未来のあなたの教え子にもいえます。あなたの生徒が、My smartphone new. My mother buyed for me. I use every day. とお母さんに買ってもらった新しいスマートフォンのことを嬉しそうに語ったとします。前から欲しかったスマートフォンを買ってもらった喜びを伝えようとしているのですから、その生徒のことばです。まず、ことばとして受け止め、ことばを返しましょう。buyed となっていたり、be 動詞

図 3.　中間言語

や人称代名詞 it がなかったりしたことは、後で訂正すればいいのです。

　中間言語という概念により、学習者の発することばは、自らが構築した〈学習の証〉であり、単なる間違いとみなすべきものではないという見方が可能になってきました。しかし、この中間言語という考え方にも問題がないわけではありません。例えば英語を学ぶ場合、中間言語とは、英語母語話者の英語を 100 点としてそれに向かって進む中途段階にあることを意味するので、60 点などと減点された〈劣った存在〉とみなされがちになります。そして、一部の例外を除いてほとんどの人は、母語話者と同等の英語、つまり 100 点の英語を獲得することはありません。英国の著名な第二言語習得研究者のクック（Cook 1991）は減点法で学習者の能力を捉えることの問題を指摘し、中間言語に代わる〈複合的言語能力〉という概念を提唱しました。

4.　複合的言語能力―マルチリンガルの豊かな世界

　複合的言語能力とは、1 人の人が頭の中にもつ複数の言語を包括的にとらえた概念で、あなたの場合だと、日本語、英語、それから他の言語を少しでも知っていたらその言語も含めたあなたの言語能力全体のことを指します。クックは、『Second Language Learning and Language Teaching（第二言語学習と言語教育）』（Cook 2016）という言語教師向けの本の中で、1 人の人間の言語能力を複合的言語能力と捉えることが外国語学習の動機づけになることを、数値を用いて述べています。たとえば、たとえ英語が 60 点であっても、母語の日本語 100 点や初修外国語の韓国語 10 点を加えると計 170 点の言語能力を有していることになり、研究や教育もこの視点でおこなうべきだというのです。まやかしのように聞こえるかもしれませんが、いくら英語が不得意と感じている人でも、日本語しか知らなかった時に比べると、少しでも英語が加わることで知っている言語が増え、物事の見方も豊かになってきていることは確実です。複合的言語能力の概念は、習熟の程度に関わらず複数の言語を所有して使うことの面白さ・豊かさを知らせてくれます。

　ここで、複数の言語を日常的に使っているバイリンガルやマルチリンガル

の人たちのことばの使い方を覗いてみましょう。Nishimura（1989）は、北米在住の日系二世（英語と日本語のバイリンガル）達の間に、次の（6）のように、日本語の話題を表す「〜ハ」が英語の発話とともに頻繁に用いられていることを示しました。

（6）　Powell street *wa* we used to call it Little Tokyo.　（Nishimura 1989: 370）

この（6）の wa は、日本語の助詞「ハ」で、wa までの前半部は、第2節の主語の節で述べたように、「パウェル通りに関していえば」という話題を表す日本語の構造です。そして、この wa の後、主語・述語動詞という英語の構造に切り替わっています。日本語なら、

（7）　パウェル通りは、リトル・トーキョーと以前呼んでいた。

が自然なので、（6）の we や it に当たる「我々」や「それ」は使いませんね。
　さて、あなたは（6）のようなことばをどう思いますか。複合的言語能力の概念を知っているかどうかで、見方は異なるように思います。以前この概念を知らなかった時、私はこのような表現を〈変な英語〉と思っていました。英語という1つの言語だけを見て、その規準から見ると（6）のようないい方は外れているのでそう考えていたのです。複合的言語能力の視座をとるようになってからは、〈日本語の世界と英語の世界が融合された新たな表現〉だと思っています。
　ここで、第2節で取り上げた大学生がよく書く文（4）を、（8）と番号を振りかえて再掲します。（6）のバイリンガルの発話と比べてみましょう。

（8）　*The room cannot use the Wi-Fi.

（6）も（8）も、「〜に関していえば」という話題から始まっているという点で同じですが、大きく異なる点は、人称代名詞の有無です。（8）を書いた日本

の学習者は人称代名詞の we を使っていません。人称代名詞を使って、

(9)　　The room *wa* we cannot use the Wi-Fi.
(10)　　The room, we cannot use the Wi-Fi there.

などと言えるようになれば、その人は、バイリンガルへの道を歩んでいると
いえるでしょう（戸出 2022）。いや、もうすでにバイリンガルといえるかも
しれません[5]。日本語の世界と英語の世界の両方に生きているのですから。
なんだか楽しいと思いませんか？

5.　未来へ

　本章では、母語でない言語を学ぶということは、その言語特有の物事の眺
め方を知り、母語に加えてその人の言語のレパートリーを拡げていくこと、
言い換えれば、複合的言語能力を豊かにしていくことであると主張しまし
た。このことは、習熟度に関わらず、どんなレベルにおいてもいえることで
す。

　グローバル社会において英語の重要性が強調され、おそらくあなたも、
「英語は大切だから、しっかり勉強したほうがいいよ」と言われて試験勉強
に励んできたことでしょう。大学でも検定試験を受けることが奨励されま
す。テストのスコアを指標として英語力をのばしていくことは 1 つの有効
な手段であり頑張ってほしいと思いますが、それだけでは大切なことを見
失ってしまいます。特に、社会が英語の重要性を強調すればするほど、本来
は探究的で興味深いはずのことばの学びというものが壊されるのではないか
と危惧を抱きます。頑張って英語ができるようになった人は〈勝ち組〉、そ
うでない人は〈負け組〉とされ、人の分断が生じることにもなるからです。
現に小学校の英語教育が始まってから、小中学生の間で、英語が得意で好き
な児童・生徒と苦手で嫌いな児童・生徒に二極化されてきたと報道されてい
ます（葉山 2023）。

　また、近年の AI などの発達により、大概のことは用が足せるので、英語を学ぶ必要がないという声が高まってくることでしょう。しかし、学校での英語教育の目的を道具性だけに限定すると道を誤ることになります。つたない英語であろうと体に染み込ませて自分のことばとしたり、複数の言語の世界に生きる面白さを味わって複合的言語能力を育てたりすることは楽しいものです。母語以外のことばを知りたいと思うことは、子どもたちが本来持つ欲求です。教育は、その欲求に応えるようなものとならなくてはいけません。今の教育は、子どもたちが本来持つ学ぶ意欲をつぶしている面もあるのではないでしょうか。言語の学習を通して世界の様々な人々に関心をもつことができれば、多様性を尊重した社会をつくることにつながるのではないでしょうか。

　あなたは英語英文学科の学生となりました。英語をもう 1 つのことばとして所有し、さらには別の外国語も学んであなたの複合的言語能力を一層豊かにしてください。特に、英語教師をめざす人にはこのことは重要です。あなた自身が生徒の良きモデルとなるような魅力的なマルチリンガルにならなければなりません。21 世紀に入って 4 半世紀が経とうとしていますが、英語の先生になるとしたら、21 世紀後半、そして 22 世紀をつくる人たちを育てることになります。そう、教育とはまさに未来を創造する仕事です。あなたが英語とそれにかかわる学問を学ぶことは、自分のことだけにとどまらず、社会的責任なのです。

注

1　中学生・高校生のことを生徒、小学生のことを児童と呼びます。大学生は、生徒ではなく学生と呼ばれます。

2　誤文には、*（アスタリスク）を頭につけるという言語研究の分野での決まりごとがあります。

3　教員免許（正式には、教育職員免許状）を取得するためには、教職課程で設置された科目（英語科教育法や教育実習など）を修得する必要があります。

4 英語を学ぶ面白さを伝えるという抱負をもって教師になりましたが、特に新米
の頃は、授業がわからないと生徒からの不満も出て現実の厳しさを思い知らされ
ました。その後もいろいろな苦労がありましたが、英語を学ぶ面白さを伝えたい
という軸はぶれなかったと思います。生徒が英語への興味を示す時は、何物にも
代えがたい喜びを感じたものです。
5 バイリンガルやマルチリンガルは、複数の言語を均等に母語話者並みに話せる
人という意味ではありません。たとえ言語の間で能力に偏りがあってもそう呼ぶ
ことができます。

参考文献

Cook, Vivian (1991) The Poverty-of-the-Stimulus Argument and Multicompetence. *Second Language Research* 7 (2): 103–117.

Cook, Vivian (2016) *Second Language Learning and Language Teaching* (fifth edition). New York: Routledge.

Nishimura, Miwa (1989) The Topic—Comment Construction in Japanese—English Code-Switching. *World Englishes* 8 (3): 365–377.

Selinker, Larry (1972) Interlanguage. *International Review of Applied Linguistics* 10: 219–231.

Tode, Tomoko (2003) From Unanalyzed Chunks to Rules: The Learning of the English Copula *Be* by Beginning JapaneseLearners of English. *International Review of Applied Linguistics in Language Teaching* 41 (1): 23–53.

梅原大輔・富永英夫 (2014)「日本人英語学習者は主語をどうとらえているか―量的・質的研究」*JACET Kansai Journal* 16: 103–122.

戸出朋子 (2014)「文例体験の中で学びを培う」『英語教育』63 (4): 20–21. 大修館書店.

戸出朋子 (2022)「用法基盤第二言語習得研究の多面性と展望」*Second Language* 21: 35–50.

中村芳久 (2009)「認知モードの射程」坪本篤朗・早瀬尚子・和田尚明編『「内」と「外」の言語学』pp. 353–393. 開拓社.

葉山梢 (2023, 1月13日)「英語好きの小学生が減少、中学生は成績が二極化の傾向―その原因は？」『朝日新聞 EduA』https://asahi.com/edua/article/14808736

私が薦める2冊

柴田美紀・仲潔・藤原康弘 (2020)『英語教育のための国際英語論―英語の多様性と国

　際共通語の視点から』大修館書店.

　「国際英語」とは、標準英語で国際的にコミュニケーションするという意味ではありません。多様な言語・文化的背景を持つ人々とどのような態度で対話すればいいのかということにかかわる概念です。この本は、日本も昔から多言語社会であること、言語に関する固定観念が差別につながることにも気づかせてくれる、英語（言語）教師必読の書です。

Lightbown, Patsy M. and Nina Spada（2021）*How Languages are Learned*. Oxford University Press.

　初版から 5 回も改訂が繰り返されている、世界的に定評のある第二言語習得研究の入門書です。第二言語習得研究と教室での実践の関係づけに心血を注いだ 2 人の著者の熱意や人柄が伝わってきます。大学院に進みたい人は、大学 4 年生までにぜひ読んでおいてください。

コラム② 英米文学のリソース

塩田弘

　大学図書館にある新聞・雑誌・図書・視聴覚資料・インターネットの情報を英米文学を中心に幅広く紹介します。

1.　新聞・雑誌

　図書館では何種類もの新聞を読むことが出来ますが、主要な新聞には日曜日に書評欄があります。書評とは、出版された書籍の内容を紹介し、評価する記事のことです。書評専門の週刊書評紙『図書新聞』(武久出版)、『週刊読書人』(読書人)などもあります。インターネットでも手軽に本の内容を知ることが出来ますが、書評はそれぞれの評者が「読者と作家をつなげる」ために工夫を凝らしています。英語学習者向けの英字新聞 *The Japan Times Alpha*(ジャパンタイムズ)や *Asahi Weekly*(朝日新聞社)では、読みやすい英米文学について紹介されることがあります。

　書評は雑誌にも掲載されています。雑誌は様々な分野に細分化されており、*Shakespeare Journal* のように作家別にも数多くの雑誌が刊行されています。作家別の雑誌の多くは学会が発行する学術誌で、専門的な論文が中心となりますが、『ユリイカ』(青土社)のように幅広い内容で読みやすい雑誌もあります。

2.　レファレンス資料

　レファレンス資料とは「調べるための本」です。「読むための本」と違い、調べる時に必要な部分だけ参照する資料です。レファレンス資料は、通常、図書館のカウンターから遠くない書棚にあります。索引で調べたい項目を探し、必要な箇所を探しながら、関連する他の情報も知ることが出来ます。レファレンス資料のうち、あらゆる情報を網羅するものが百科事典です。出版社によって編集された百科事典は、誰でも編集できるフリー百科事典「ウィキペディア」とは異なり、筆者の書いた記事は編者によって慎重に校閲を受けるため、より正確な内容が保証されています。

　英米文学に特化したレファレンス資料として、『研究社英米文学辞典』(研究社)、『オックスフォード世界英語文学大事典』(DHC)、『20世紀英語文学辞典』(研究社)、『英米文学事典』(ミネルヴァ書房)、『イギリス文学事典』(研究社)、『アメリカ文学作家作品事典』(本の友社)、『アメリカ文学必須用語辞典』(松柏社)など、英米文学全般についての情報を網羅する事典/辞典があります。作家別のレファレンス資料として、『シェイクスピア辞典』(研究社)、『シャーロック・ホームズ大事典』(東京堂出版)のように、様々な本が充実しています。アメリカ文学では、『ナサニエル・ホーソーン事典』(雄松堂)、『ヘミングウェイ大辞典』(勉誠出版)、『フォークナー事典』(松柏社)など、主要な作家の「事典」が国内外で出版されており、作家の生涯、作品の内容やテーマ、研究資料などが紹介されています。

　地域に関する全般的なレファレンス資料としては、『イギリス文化事典』(丸善出版)、『21世紀イギリス文化を知る事典』(東京書籍)、『アメリカ文化事典』(丸善出版)、『アメリカを知る事典』(平凡社)など、世界の様々な国と地域のレファレンス資料が揃っています。『西洋人名辞典』(岩波書店)、『コンサイス外国地名事典』(三省堂)、『世界シンボル大辞典』(大修館書店)、『ファンタジー百科事典』(東洋書林)なども文学作品を理解する上で役に立つものです。

　『英米文学研究要覧』(日外アソシエーツ)は日本国内の英米文学の研究

書、研究論文についてのレファレンス資料です。『英語年鑑』(研究社)では、毎年の最新の英語・英米文学の動向について簡潔にまとめています。以上、日本の出版社の資料を紹介しましたが、海外の出版社のレファレンス資料も様々な種類があります。

　インターネットを使えば、大学蔵書検索(OPAC)や、CiNii(国立情報学研究所が運営するデータベース)で様々な資料を検索・閲覧することが可能です。"Google Scholar" は、学術情報の検索に特化した Google が提供する検索サイトで、印刷されたリファレンス資料よりも新しい情報が即座に入手できる点で有利です。図書館が契約したデータベースを使うことが出来る場合、国内外の新聞記事はもちろんのこと、*MLA International Bibliography*、*Literature Resource Center (Gale)*、*ProQuest Central* などで英語の本格的な情報を閲覧することが出来ます。

3.　入門書、研究書、全集

　図書館の中にさらに足を踏み入れると、文庫、新書のように比較的手軽に入手できる書籍から、ハードカバーの高価な本まで、多種多様な本が「日本十進分類法」(NDC)に即して書棚に並んでいます。書庫にはさらに多くの貴重な本が所蔵されている場合があります。

　図書館の本棚では、入門的な本と専門性の高いマニアックな本も同じように並んでいます。イギリス文学やアメリカ文学について、入門書として読みやすいシリーズは、岩波ジュニア新書、ミネルヴァ書房の「シリーズもっと知りたい名作の世界」「シリーズ文学ガイド」「シリーズ世界の文学をひらく」、彩流社「現代作家ガイド」などです。これらは「読むための本」ですが、多くの場合、巻末に索引があり、調べるためにも役立ちます。同様に、テーマに即した研究書や、それぞれの作家の作品を全て収めた全集にも貴重な情報があります。

4.　リーディングの教材

　図書館には多くの英語の本があり、インターネット上にも「プロジェクト・グーテンベルク」では、7万冊以上の著作権の切れた名作などの全文が無料で公開されています。このような情報にアクセスすることは容易ですが、読み進めることは大変です。そこで役に立つのがリーディングの学習用の教材で、 速読に適している英語教材 "Graded Readers" のシリーズが図書館にもあります。電子書籍読み放題というシステムや、電子辞書にあらかじめ収録されている機種もあります。

　日本の出版社からは、対訳の「南雲堂 / 現代作家シリーズ」「IBC 対訳ライブラリー」、原文を精読するために役に立つ日本語注がついた「講談社英語文庫」なども出版されています。『ヘミングウェイで学ぶ英文法』（アスク出版）のシリーズでは、英語の短編を読みながら英文法を学習する親切な参考書になっており、続編が何冊も追加されています。

5.　映像資料等

　映画のサブスクリプションも普及していますが、図書館に映画の DVD やブルーレイがある場合は英語学習に活用できます。英米文学を原作とした作品や、人気のある映画では、対訳シナリオと解説を収録した「スクリーンプレイ・シリーズ」（スクリーン・プレイ出版）をはじめ、多くの映画の脚本が書籍化されています。マイナーな映画でもインターネットの "The Internet Movie Script Database"（IMSDb）等で脚本を入手出来る場合があります。Podcast や英語学習のアプリも有効なツールとなるでしょう。

III

英語を学ぶと
見えてくる世界

第 4 章 | Pragmatics: Language that Includes Contexts, People, and Relationships

Jim Ronald

Imagine the following scene. You are friends with an Australian exchange student, Emily. She invites you to go to karaoke with her. Which is the best response?

(Conversation 1)

Emily: Hey, a few of us are planning to go to karaoke on Saturday evening. If you're free, come with us!

You: a) Er, no.

b) I can't go. I'm not free.

c) Oh, I'm sorry, I can't. It sounds so good. I'm busy on Saturday evening. I hope we can go another time.

d) Er... Oh. Saturday? I-I wish I could. It really sounds like fun. I'm just not free then — I'll be practicing with my western music band all evening. I hope we can go to karaoke another time. I'd really love that!

Looking at the four choices, you might quickly guess that the best answer must be d) — after all, it's the longest! In fact, you would be right, but for the wrong reason. And before we continue, I would like to say welcome to the world of Pragmatics: a place where language use and meanings are considered in relation to the situations, people, and relationships in which the language is used.

Before we consider d) in detail, let's look at the other three choices. First, a)

Er, no. This response might look like the worst, and in certain contexts, it would be. It's short, and very direct. Among close friends, though, a response like this might not be so unusual, and can work very well, especially with the right intonation or facial expression:

(Conversation 2)

Emily: Hey, a few of us are planning to go to karaoke on Saturday evening. If you're free, come with us!

You: Er, no. [flat intonation]

Emily: [confused face]

You: Sorry, only joking — I'd love to come! Thanks for inviting me.

Emily: Grrr [pretending to be angry] Ha-ha-ha!

Next, let's consider b): *I can't go. I'm not free.* This is the worst response. It is clear, in grammatically correct sentences, and it may be honest, but that is not enough. If we consider Emily's feelings, we can imagine that she would feel hurt, and may never invite you again. In other words, such a response is likely to damage your relationship.

How about response c)? *Oh, I'm sorry, I can't. It sounds so good. I'm busy on Saturday evening. I hope we can go another time.* Some of you may have chosen this response, and it's reasonable that you would. If it were in Japanese, in many contexts, this may indeed be the best response. It includes an apology, and it does not contain information which, to Japanese ears, may sound like an excuse.

Which brings us back to d): *Er... Oh. Saturday? I-I wish I could. It really sounds like fun. I'm just not free then   — I'll be practicing with my western music band all evening. I hope we can go to karaoke another time. I'd really love that!*

The explanation of the various elements in such a response by Yule (1996 — see the table on page 81) may help us appreciate all the work that is involved. We will look at the response, part by part, but first note the importance of nonverbal communication. In this case, before you even speak, you may show something of your response on your face: happiness to be invited, sadness that you cannot join the event, and confusion. These nonverbal parts of a message are very important, so try expressing all that on your face at one time now!

Next, consider this first spoken part of response d): *Er... Oh. Saturday? I-I.* The hesitation *(Er)*, silence *(...)*, "broken grammar" (*Oh. Saturday?*), and hesitation or repetition *(I-I)* all give the message that the response is difficult to express, that we will have to say something that we do not want to. Before Emily even hears the words saying no, she is well prepared. The next part (*I wish I could. It really sounds like fun.*) strongly confirms that you want to go, that you appreciate Emily's invitation. This brings us to the heart of the response, your refusal (*I'm just not free then*), which is made more gentle by making it negative (not free, rather than busy) and by the softener "just" and the use of "then". What follows is a fairly detailed explanation of the reason (*I'll be practicing with my western music band all evening.*), which allows Emily to know that you are being honest and have a good reason; it isn't because you don't like her! Which, incidentally, may explain why for many English speakers, response c) would not be enough. Since a refusal might give the impression of unfriendliness, response d) finishes by telling Emily that you appreciate her and want to spend time with her (*I hope we can go to karaoke another time. I'd really love that!*), using the words "really" and "love" for emphasis.

You may wonder why the last two and a half pages have been used to explain how to say no to an invitation to go to karaoke. I hope that this example has been an opportunity to learn more than just that. Before we proceed to consider other aspects of Pragmatics, the study of language that includes people and contexts, I'll list some of the things that we may learn from the example above.

1.   Context, relationships, appropriateness

First, except for model examples in language textbooks or the classroom, we always use language in real contexts, with real people with whom we have various relationships. This is why we imagined a real situation, an invitation to go to karaoke, and actual people and relationships: the Australian exchange student Emily and you as her friend. Which brings us to the next point, as noted especially with responses a), c), and d): the best response is not, mainly, a matter of grammatical correctness, but is judged according to what is suited to the people and the situation. In other words, what is appropriate. This depends on the relationship, the situation, and the language or culture. So while for grammar or spelling, for example, we would usually say that it is correct or incorrect, with Pragmatics our judgment is more likely to be expressed as appropriate, inappropriate, or it depends. Beyond that, our judgment of the success of a response such as yours to Emily might be measured by whether you still have a good relationship.

2.   Cultural context

Another matter that came to light as we considered responses c) and d) is that the language and cultural background of the speakers needs to be considered. Language use that is generally appropriate in one culture may be judged negatively (e.g., as an excuse / not enough information) in another. One incident that occurred when my daughter was three years old illustrates the importance of culture in communication. My daughter and I went to the local park to play. There were lots of mothers and little children in the park. This is what happened when one mother who was near us started talking to me:

（Conversation 3）

Japanese mother:　あら、可愛い！　何歳ですか？

Me（smiling）:　　ありがとう！　40歳です。

Japanese mother:　（shocked, confused, moves away）

Me（not smiling）:　（confused, regretful）

I knew that the Japanese mother's comment was referring to my daughter not to me. I did not imagine that she thought that I was cute and wanted to know how old I was. My response was an attempt at a joke, an attempt that failed. Many years later my children explained that in Japan jokes are not expected when people first meet, but only after they have got to know each other. In contrast, humour may be used in English-speaking cultures as soon as people meet, as an ice breaker. I believe that my attempt at a joke was unsuccessful because of this cultural difference.

3.　Pragmatics in the classroom

Finally, this may be the first time for you to read a conversation in English in which someone says no to an invitation in an appropriate way, even after studying English for eight years or more. There may have been conversations like this in your textbook:

"Yuki, if you're free, let's play tennis on Saturday." "Yes, let's do that!" This is a good, simple example of how to accept an invitation but, as you can see and imagine, it's much easier to say yes than to say no. Which means that we have a greater need to learn how to say no in a foreign language than how to say yes. Yet there are typically no examples in language textbooks or classrooms like the one we've looked at above in which the invited person has to say no.

We'll now look at a couple more examples — and consider what we can learn from these. First, we will take an example from the English language classroom.

To be more specific, the setting is right at the beginning of the first class of an English communication course for first-year students. The scene is the point at which the students sit next to their classmates (Tu and Ronald 2020).

(Conversation 4)
Nonverbal   (Approaches) (👀) (shows seat)
Standing student: Er… Is this seat free?

Nonverbal   (👀)   (☺)   (shows empty seat)
Sitting student: Yes, sure, go ahead.

Nonverbal   (☺)   (sits ☺)
Standing student: Thanks.
Key: 👀 represents eye contact, ☺ represents smile)

We will now consider three aspects of Conversation 4: saying more than the minimum, nonverbal communication and freedom to choose.

4.   More than the minimum

Look at the seated person's response to *Is this seat free?* Note how many times they say yes. Even apart from the positive nonverbal gesture and smile which may also count as yes, Student B says yes three times: *yes + sure + go ahead*. Why would that be? In fact, as we know from buses or trains, we don't always need to ask to sit in an empty seat. The answer is that in this context *Is this seat free?* really means something like: *I want to sit next to you. Is it okay?* The triple yes, then, with a smile and maybe a gesture, means something like *Yes, I'm really happy for you to sit next to me.*

In many social situations, not only when a classmate wants to sit next to you, it is often better to say more than the minimum. Imagine, at a party, if you only respond to "Do you live near here?" with "Yes, I do." Or "No, I don't." We have answered the question, but you may also give a message something like *And I don't want to talk with you!*

5.   Nonverbal communication

Spoken interaction includes more than words; silence, intonation, and facial expressions are also very often essential parts of the message. With Conversation 1, Emily's invitation, we noted in d) the importance of this. Nonverbal communication is even more apparent in the situation of sitting next to a new classmate (Conversation 4): approaching the classmate, eye contact, gesturing towards the empty chair, and smiling. In some kinds of writing, we may notice this, too. The use of emoji and exclamation marks in social media posts or messages also show that, very often, words alone are not enough to convey what we want to express.

6.   Freedom to choose

One important matter came up when our class did this activity again in the second class, and this time, after sitting down, the pairs of students continued a conversation together. In the after-class feedback, one student commented that he felt that it would be unusual to continue talking like this in Japan, and he observed that it was interesting that language and culture are related.

As Thomas (1983) reminds us, our language teachers may teach how things are usually done in target language cultures, such as in English-speaking countries, but that the learners themselves should know that they have freedom to use language in that way or in another way that they are more comfortable with. As an illustration, I have a Canadian friend who attends parent-teacher meetings for his children at school in Japan. Although he knows that it is usual in Japan for parents not to express pride in their children in such situations, he deliberately says that he is proud of his children, as he believes that this is the right thing to do.

You might wonder whether we need to learn to sit next to someone in the way shown above. After all, on the bus or train, we may sit next to someone without needing any eye contact, gestures, smiles, or language. However, a stranger on the bus is not the same as a fellow first-year classmate you are meeting for the first time. You and your classmates are likely to be together for a year or more, and may meet in other classes, over four years. You may even become good friends. That is why I teach my first-year students how to sit next to their classmates.

One further example is about making suggestions or giving advice. This is another sensitive area of language use; included in advice there is often the criticism, whether stated directly or not, that what we are doing now is wrong. In class, we start by focusing on giving feedback to classmates on their presentations. Without guidance, students may not dare to give feedback, or may only say good things, or just be too critical: "You are too quiet!" or "Don't do that!". Language such as "Maybe you could/should… (speak louder, use eye contact)" or "The pictures are a bit… (small, dark, etc.)" is introduced. Students are also recommended to say or write something good before the advice, something like this: "The pictures are really nice, but maybe they're a bit small."

This feedback plays various important roles; students give their presentations, receive feedback including advice from their classmates, then use the feedback to prepare and give better second presentations. At the end of the semester, the students are asked to look over the whole course, and to make suggestions to their teacher for how to improve the course. Then, towards the end of the year, each student writes a letter to the university president: to express their appreciation for the university, point out one or two problems they have experienced, and make suggestions for making our university better.

Finally, as a student, be careful about giving advice to your teachers, unless invited to do so, even using the strategies suggested above. Your teachers might not like it!

7.　Becoming language users

As explained above, Pragmatics usually depends on specific situations and real people, and the choice of language we use will depend on the situation and the relationship between the people involved. In class, we often meet language without a context, just examples in a textbook. For grammar or vocabulary, this is not usually a problem, and "formal" or "informal" may be sufficient guidance about the context of its use. In the case of Pragmatics, where the main measure of good language use is appropriateness, we need to have or imagine a context and people with relationships. If you consider the three examples we have looked at so far, they are all real situations, for real language needs, and involving real people: international students, your classmates, your teacher, and even the university president. There may be some role play or practice as the students learn what to say or how to say it, but the goal is to actually use the language well: to sit next to a classmate (or be sat next to), to invite and accept or refuse invitations to go for lunch or to a class party, and to make suggestions to classmates on their presentations, to your teachers for their classes, and even to the university president about the university. This means that in doing these actions, we are no longer just learners of English (or other languages); we have become English users (Sakamoto and Furukawa 2022), and that is an important change in our status and identity, and our desire to use language well.

So far, we have considered how to say no to an invitation, how to sit next to a new classmate, and how to give advice or make suggestions. However, Pragmatics is more than just about how to do things. So, finally, we will focus on another area of Pragmatics: conversational style. This concerns how fast, lively, or respectful conversations are, and how much overlapping (people talking at the same time) or silence there is between turns. Conversation among friends has been compared with sports. In some cultures or countries, conversation may be like basketball or rugby (Steinbach 1996): fast, aggressive, and non-stop, with no silence, and a lot of overlapping or interrupting. In other cultures, such conversations are more like bowling: slow, respectful, taking turns, and with a space between each turn. Across the world, and even within each country, there is variation in how conversations are. Imagine a conversation among friends in Osaka, or even a radio chat show in Hiroshima: fast, fun, and exciting. In contrast, conversations in English classrooms are typically slow, in pairs that take turns: listening carefully and respectfully, taking time to think and prepare responses. Both types of conversation, the fast and the slow, usually work well, but not when these two styles meet. Which is what does happen when Japanese learners of English have a chance to meet and talk with English speakers, whether in Japan or when, for example, studying abroad.

At times, I have met and talked with Japanese students who have returned from studying abroad. As you may expect, they really enjoyed the experience, learned a lot, and made friends with people they met. I've also asked about conversations with other students, whether "local" students or international students like them. Many have said how surprised they were at how fast people talked, and how lively the conversations or discussions were. When I asked if they were able to join in these conversations, a typical response was a sad "I just watched." Or "I didn't have a turn."

Conversation topics among young people vary a lot from place to place, from group to group, and that is one reason why it may be difficult to join a conversation, or informal discussions among friends. Another reason concerns conversational style: the slow, considerate "bowling style" may be all they have experienced in their English classes in Japan but it is typically not what they experience when studying abroad. They are simply not prepared. But all is not lost; there are various ways forward, and we will consider these now.

8.　What can we do?

Whether in our usual language in our home country or in a second or foreign language, we all have communication struggles at times. For example, for people preparing to start work, the need for "communication noryoku" is often mentioned. This means different things to different people, but some of this definitely involves Pragmatics. For example, as a new member of staff, if a colleague says "There's no paper in the photocopier", that may be an indirect request: please put some paper in the photocopier. Or it may be a hint: don't forget to check the paper every morning. In a new workplace, we will sometimes not understand, or make mistakes, but that's usually okay. The important thing is to learn from our mistakes, to ask if we are not sure, and to try to keep good relationships with everyone, starting by greeting each of the people we work with.

Finally, one final piece of advice that applies both to the workplace and to intercultural exchanges is this: talk with various people. If you do this, you may have more communication troubles: understanding what other people said, or struggling to express yourself. But that is not a problem; in fact, we need these interactions so that we can learn from them. They will make your life richer, you will become more sensitive to Pragmatics in everyday life, and you will become a better communicator.

References

Sakamoto, Mitsuyo and Gavin Furukawa (2022) (Re) Imagining Oneself as an English User: Identity Formation of Japanese English Learners, *Asian Englishes*, 25 (3) : 407– 420. DOI: 10. 1080/13488678. 2021. 1989547

Steinbach, Susan (1996) *Understanding Conversational Styles around the Globe: "Bowling,*

Basketball and Rugby" (video and manual). Pittsburgh: The Seabright Group.

Thomas, Jenny (1983) Cross-Cultural Pragmatic Failure. *Applied Linguistics,* 4(2): 91–111.

Tu, Peter S. and Jim Ronald (2021) Sitting Next to a New Classmate. In Jerry Talandis Jr., Jim Ronald, Donna Fujimoto, and Noriko Ishihara (eds.) *Pragmatics Undercover: The Search for Natural Talk in EFL Textbooks*, pp. 64–69. Pragmatics Special Interest Group, Japan Association for Language Teaching.

Yule, George (1996) *Pragmatics*. Oxford: Oxford University Press.

私が薦める 2 冊

Clark, Billy (2022) *Pragmatics: The Basics*. Oxford: Routledge.

An introductory guide that covers a wide range of basic topics in Pragmatics in a way that is easy to understand, with examples and explanations that bring the theory to life. This is recommended for students who are eager to learn more about this exciting field.

石原紀子 (著，編集)，アンドリュー・D・コーエン (2015)『多文化理解の語学教育─語用論的指導への招待』研究社.

For students planning to become English teachers, this is essential reading, whether in Japanese or in English. It serves as a much needed bridge between knowledge about Pragmatics and practical guidance in how to bring it to the language classroom.

第5章 これからの時代に必要な英文法知識

大澤真也

　教職課程の科目を履修している学生にとって必修科目の1つである英語科教育法の概説書を開くと、必ずといってよいほど英語教授法に関する章がありますが、その中に「文法訳読法（Grammar Translation Method）」ということばを見つけることができます。これは文法規則を学んで、その規則を適用して英語の文章を日本語に訳すという文法・訳読中心の教授法で、日本の多くの教育機関において長年この教授法が採用されてきました。ですが、このような教授法を用いても実践的なコミュニケーション能力の育成には繋がらないという批判から、文法よりもコミュニケーション活動に重きを置いた教授法が注目を集めるようになりました。そして近年英文法ブームが再来していて、『ヘミングウェイで学ぶ英文法』のような英文法に関する書籍が人気を集めています。英語ブームは時計の振り子のように行きつ戻りつします。この先また英文法の人気に陰りがでることもあるかもしれませんが、英語を学ぶ上で英文法を知らないままでいることはできません。ではコミュニケーションに繋がる文法知識とはどのようなものなのでしょうか。機械翻訳や生成AIなどのテクノロジーが発展を続けていく現代において、私たちはどのように英文法と付き合っていけば良いのでしょうか。本章では英語教員志望の大学生を念頭に置きつつ、どのような英文法知識を身につけ、どのようにそれを教える・伝えるべきかについて考えてみたいと思います。

1.　私の英文法学習歴

　英語英文学科の学生と話をしていると、多くの学生が英文法は嫌い、苦手といいます。といいながら実は私も英文法が好きではなく、体系的な知識を持っているわけではありませんでした。私が中学生、高校生だった時代は、当然のように文法訳読法に基づいた授業が行われていました。授業で教師から問われる質問の多くは「この文の文型は？」「この語の品詞は？」「この文を訳してみて」といったものでした。英文法の説明は先に一般規則やルールを学び、その後で実際の具体例を学ぶ演繹的[1]アプローチに則ったもので、たとえば不定詞であれば、「to の後には動詞の原形が来て、名詞的、形容詞的、副詞的、の３つの用法がある」といった説明が行われ、それを補足する形で例文が提示されます。

　大学では英米文学を専攻しましたが、そこでの授業も同じでした。題材は文学作品へと変わりましたが、授業はいわゆる「精読 (intensive reading)[2]」形式で、語彙や文法に焦点を当てて丁寧に１つ１つの文の意味を読み取っていきます。「精読」ですから、90 分授業で数ページしか進みませんし、文章が難解な時には１ページも進まない時もありました。予習時も授業時も辞書を引きっぱなしで非常に辛い思いをしましたが、この経験が無駄だったとは思いません。でも英語学習者だった私はそういった説明が何だか苦手であまり頭の中に入ってきませんでした。大学院入試の時には英文法の本を何度も読み直しましたし、リーディングを中心とした英語のインプット (input) を増やすことを心がけてたくさんの英語の本や記事などを読みましたが、英文法に関する明示的な知識はそこまで確かなものではなかったような気がします。でもたくさんの本を読むことでほんやりとではありますが、英語に関するセンスのようなものを感じることができるようになり、大学教員として仕事を始める前には実用英語技能検定（英検）１級に合格するぐらいの英語力を身につけることができました。

2.　英文法は必要？

　大学で教え始めた時に担当していた 1 つの授業では『英文法解説』(江川 1991) を指定テキストにしていたため、この本は何度も読みました。恥ずかしながら大学で英語を教え始める前にこのような本を読んだことがなかったので、日本語の解説を読むのに苦労したのをいまだに覚えています(教員でさえ読むのに苦労するぐらいなので、学生からの評判はいうまでもありませんでした)。この本は今でも調べたいことがある時に読み直していますが、この本で解説されているような詳細な文法に関する知識が一般的な英語学習者に必要かというとちょっと疑問です。交通ルールにたとえてみます。車の運転免許を取得して運転するためには、交通ルールを知っている必要があります。ルールがないと道路は混乱しますし、多くの事故が発生します。ですからみんなルールを一通り学んだ上で免許を取得して、実際に運転する際にも道路標識などを見ながら必要最低限の交通ルールを守って運転しようとします。でも実際に運転してみると、交通ルールを守っている人たちばかりではありませんし、交通ルールを厳密に守りすぎると他の車に怒られたりしてしまうこともあるでしょう。運転していて他の車に道を譲ると、多くの車がハザードランプを数回点灯させます。これは「ありがとう(サンキュー)ハザード」と呼ばれるようですが、交通ルールとして明示されているものではなく、車を運転するという経験を通していつの間にかみんなが使い始め意味を理解しているルールです。

　この例を文法に当てはめてみると、交通ルールとして明示されているルールは「規範(prescriptive)」文法で、実際の使用の中で生まれたルールは「記述(descriptive)」文法と呼ばれます (Hinkel 2016 参照)。先ほど挙げた『英文法解説』などは英文法を学ぶ際の規範となるべきルールを扱っている本です。交通ルールに留まらず世の中には数多くのルールがありますが、ルールがなければ何も成立しません[3]。「規範」的なルールがあることは英語学習者として知っておく必要がありますが、先ほども述べたように一般的な英語学習者にとっては難解なものが多いので、すべての内容を理解しておく必要

はないと思います[4]。一方で実際に使われているルールは知っておかないと
困ります。さきほどの「ありがとうハザード」の例でいえば、道路を運転し
ていて前の車がいきなりハザードランプを点灯した場合に、規範的な知識し
かないと、事故か何かが起きたのかと思い慌てふためいてしまうことでしょ
う。ですが、ハザードランプが用いられる実際の場面を想定することができ
れば、落ち着いて対処できます。とはいえ、ハザードランプは実際には本当
に危険な場面で用いられることもあるので、ことばだけではなくその場の状
況も考慮した上で、ハザードランプの意味を考える必要があります。文法の
話に戻ると、このように実際の場面で活用することができる英文法の知識を
身につける必要があります。

3. 「学ぶ」ために必要な英文法知識

　英語学習者にとって必要な英文法の知識はどのようなものなのでしょう
か。まずは第二言語習得研究で扱われることの多い「暗示的知識（implicit
knowledge）」と「明示的知識（explicit knowledge）」について考えてみます。
福田（2018）によれば、前者はいわゆる英語母語話者が持っているような知
識で、後者は流暢ではない学習者が頼っているような知識です（表1）。

表 1．明示的知識・暗示的知識機の弁別的特徴（福田 2018: 105）

学習者の知識（明示的知識）	ネイティブの知識（暗示的知識）
意識的に使用される	無意識的に使用される
使用時に文法形式に焦点	使用時に意味に焦点
作動が遅い	作動が速い
自動的に使用できない	自動的に使用できる
使うのに苦労する	使うのに苦労しない
主に意識的に学習される	主に無意識的に学習される

　「意識的・無意識的」という用語がわかりにくいかもしれませんが、みな
さんが日本語を習得した時のことを考えてみてください。日本で生まれて日

本語を話す家庭で育った場合、日本語を話す時に語彙や文法に意識を向けて話すことはあまりないと思います。なぜかというと、そもそも意識的に（たとえば教室内で）話し言葉を学ぶ時間はそんなに多くないからです。ですから、使おうと思った時にすぐに使えますし使う時にも苦労しません。気を付けるのはことばの意味、特に自分が話していることばが相手にとって失礼ではないか、その場面で適切な言葉遣いかどうか、といったことだけです。これがいわゆる「ネイティブの知識（暗示的知識）」です。

　一方で「学習者の知識（明示的知識）」は、主に教室で意識的に学ばれます。そのため、文法を学んで知識（先ほど例として挙げた不定詞など）を持っていたとしても、実際に話そうとしてもすぐに使えなかったり、とっさに言葉が出てこなかったりします。章の最初で文法訳読法が批判された時代があったことに触れましたが、なぜ批判されたかというと、長期間意識的に語彙や文法を学んだとしても、すぐにはその効果が現れなかったからです。多くの英語学習者は英語でコミュニケーションを取る目的で英語を学んでいるので、そのニーズに応えられなかったのです。そのため、「コミュニケーション能力の育成」という目標を掲げて、コミュニケーション重視の英語教育の可能性が探られるようになりました。コミュニケーション能力を育成するために様々な指導法が提案されていますが、その中には、文法を明示的に学ぶことを極力少なくして、実際のコミュニケーション活動の中でことばを無意識に学ぶことを重視した指導法も多くあります。

　小学校の英語教育が 3 年生から行われるようになった理由の 1 つに、この「意識・無意識」という問題が関係しています。できるだけ早い時期に教えることで子どもたちが無意識に近い形で言語を学習してくれることが期待されています。では小学校 3 年生から英語教育を行っている今、日本人の英語力は今よりも飛躍的に向上するのでしょうか。残念ながら私にはそのような未来が待っているとは思えません。言語学習（習得）には多くの要因がかかわっていますので、ここでは紙幅の都合上詳細な議論を行うことは控えてインプット[5]と「意識・無意識」に限定して話をします。言語を獲得するためには、その言語でたくさん聞いたり読んだりして意味内容を理解するこ

と、つまり多量のインプットが必要になります。多量のインプットが必要ということは第二言語習得研究では共通理解されていることですし、自分自身の英語学習体験を振り返ってみても、この主張には多くの人が同意できると思います。言語を獲得するには一説（たとえばアメリカの国務省）によれば最低480時間から2,200時間分のインプットが必要だといわれています。では、日本の学校では、それだけのインプットを与えることができるのでしょうか。小学校3、4年生の外国語活動の標準学習時間が各35時間、5、6年生の外国語科が各70時間、中学校では各学年140時間なので、全部合わせても630時間です。そのうちインプットとして与えられる量は限定的なので、高等学校で学習を続けるとしても決して十分な量であるとはいえませんし、大学で英語を専攻したとしてもまだ満足のいくものではありません。なぜなら授業では文法や語法の解説などに時間を取られがちなので、授業時間すべてがインプットを受ける時間にはなりえないからです（松村2009）。多読を実践する授業などはまさにそのようなインプットの不足を補うためのものですが、どんなにがんばっても英語の授業だけで言語の獲得に十分なインプットを得るのは困難であるといわざるをえません。そして「意識・無意識」という点でいえば、小学校中学年から英語学習を始めることで、確かに最初のうちは無意識に近い形で学習が進むと思われますが、無意識的学習は非常にゆっくりとしたプロセスであり、膨大なインプットが必要です。一方、小学校高学年、中学校と学習を続けていくうちに、意識的な学習ができるようになってきます。意識的な学習が言語の習得には繋がらないというKrashenのような研究者もいますが、意識的な学習が言語の習得を促進すると唱える研究者も多くいます。

　意識的な学習を行うのが無駄というわけではありません。むしろすでに持っている知識を最大限に活用しながら、意識的な学習を効率良く取り入れることもできます。とはいえ、ここでいう意識的な学習は、「規範文法を演繹的に学び明示的な知識を身につける」ということではなく、「必要最低限の規範文法の知識を学びつつ、インプットを通して数多くの用法に触れることで、暗示的知識に近い知識を獲得する」ということを意味しています。今

井(2010)は著書『イメージで捉える感覚英文法』の中で、ネイティブスピーカーの知識は「意識と無意識の間にある潜在的な知識(subconscious knowledge)(iv)」であるとしており、ことばが適切か不適切かはわかるものの、その理由を的確に言葉では説明できないものであると述べています。このような「潜在的な知識」を明示的に学ぶことによって、ネイティブスピーカーが持っている暗示的知識に近いものを獲得できる、つまり使えるようになる可能性が高いのではないかと考えています。

4.　「教える」ために必要な英文法知識

　私が学部生だった時の将来の夢は高校の英語教員になることでした。結果として大学院に進学し大学の教員になりましたが、頭の中では常にどのようにすれば中学校、高等学校の生徒、そして大学生が効率的に英語を学べるかを考えています。英文法に関する多くの書籍を読んできましたが、規範的な文法は自分自身の知識となり有益だと思う一方で、英語学習者にそのまま教

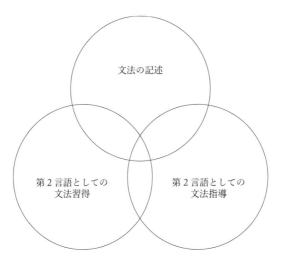

図1.　第2言語としての文法指導の枠組み(Keck & Kim, 2014: 4より)

えるものではないという気持ちが強くなってきています。Keck & Kim (2014) は第 2 言語における文法教授法について、文法の記述、文法習得、文法指導という 3 つの枠組みで考えています（図 1）。英語を教える際には、文法の記述に関する知識を蓄えるだけではなく、文法はどのように習得され、どのように教えるべきかについて考える必要があるといえます。

　文法を記述する際には文法とは何かについて考えるだけではなく、英語学習者にどのように記述すれば良いかについて考えます。そして習得については、文法を習得するとはどういうことか、そしてその習得がどのようにしていつ起こるかということを考えます。そして教室内でどのように指導すれば良いかについて考える必要があります。

　これらの観点が交わるところに、学習者が産出する言語の分析、学習者の評価、教室内で用いる教材やタスク開発、などがあります。このように文法の習得や指導を視野に入れた文法のことを教育文法（pedagogical grammar）と呼びます。日本でも英語教員としての文法に関する知識を得るための書籍として『英語教師の文法研究』や『英語教師のための英文法』、『授業力アップのための一歩進んだ英文法』などが出版されています。英語教員を目指す人たちにとっては必読の書だと思いますので、このうちどれか 1 冊でも読んでみることをお勧めします。英語教員を目指していない人たちでも、今までとは少し異なった視点で英文法について考えてみたい時にはこれらの本はお薦めです。

　英語を教える際には様々なことを考慮に入れる必要がありますが、ここではその 1 つの例として文法の記述（知識）について考えてみます。過去時制（past tense）とは何でしょうか？「現在」「過去」「未来」という区分から考えれば、文字通り「過去のこと」と考える人が多いと思います。『コンサイス英文法辞典』では、過去時制は「動詞の過去形で示され、現在時（話し手が話している瞬間）よりも以前に生じたり、存在した事柄を、<u>現在から切り離して見る</u>のに通例用いられる（536、下線部は筆者）」と説明されています。過去時制で用いられる過去形を単純に過去のことを表すものと考えてしまうと説明できないことがあります。Yule (1996: 15) の例文を見てみます。

(1)　　I could swim.

(2)　　I could be in Hawaii.

　2つの文には助動詞の過去形が用いられていますが、両者とも過去のこと
を表しているのでしょうか。(1) に "when I was a child"、(2) に "if I had a lot
of money" を補えば違いがわかると思いますが、(1) は過去を表し「私は（子
供の頃）泳ぐことができた（今は泳げない?）」、(2) はいわゆる仮定法なの
で、「（お金さえあれば）ハワイにいたかもしれないのになあ（実際にはお金
が無いので行けない）」とそれぞれ訳すことができます。今井 (2010: 138) は
過去形のポイントは「距離感」であるとして、「過去形は現在・現実・相手
からの距離を表す」ものであると定義しています。現在から距離が離れてい
る場合は単純に過去を表す過去形ですが、現実や相手からの距離を表すもの
として、仮定法や助動詞の過去形を用いた丁寧表現があります。仮定法の場
合には現実から離れているわけですから、実現する可能性は高くありませ
ん。助動詞では "Can you...?" よりも "Could you...?" が丁寧な表現であると
習ったと思いますが、その理由は相手との距離を心理的に離すことによっ
て、押し付けがましくないニュアンスを出すことができるからです。このよ
うに過去形を再定義したところで、今井 (2010) の例文を見てみましょう。
知人から "I'll be having a party this coming Friday. Would you like to join us?"
と誘われたとします。残念ながら行けない場合、どのような返答をすれば良
いでしょうか。

(3)　　I can't join you because I have other plans.

(4)　　I wish I could, but I have other plans.

　(3) はかなり直接的な表現です。相手が気分を害してしまったら、もしか
すると2度と誘ってくれなくなるかもしれません。一方で (4) では助動詞の
過去形が使われています。過去形を使うことによって距離感を表すことがで
きるので、「本当は行きたいんだけど（行けない）」という意味を伝えること

ができます。英語教員としては知っておかなければいけない知識ですが、一般的な英語学習者としても時と場所、相手などを考慮した上で、状況に応じた適切なコミュニケーションを取れるようになるためには、これくらいの知識は身につけておきたいものです。

5.　これからの時代に必要な英文法知識

　この原稿を書いているのは2023年ですが、英語学習を取り巻く環境はここ10年で劇的に変化しました。電子辞書が登場し十数年前に多くの学習者が電子辞書を利用し始めました。当時は新しく登場したテクノロジーに対する反発も大きく、紙の辞書を使わせるべきだ、という声を聞くことも多くありました。実際、中学入学時に紙の辞書を購入させるケースも多かったように思います。その後、Google翻訳などの機械翻訳が登場すると、機械翻訳を利用するケースも見られるようになりました。スマートフォンの普及にともない手軽にインターネットにアクセスできるようになると、電子辞書さえ持たずインターネットに公開されている辞書や機械翻訳を利用して英語学習を行う人が増えてきました。近年機械翻訳の技術はさらに向上し、一見すると機械翻訳を利用しているかどうかわからないものもあります。『あなたの仕事に英語学習はもういらない―AI翻訳革命』といった過激なタイトルの書籍も出版されています。このように様々なテクノロジーが開発され英語学習に用いられるようになると、英文法を学ぶ・教えることは必要なくなるのでしょうか？　確実なのは学ぶ側も教える側も意識を変えなければいけないということです。文学作品を機械翻訳するとまだ不完全ですが、英語学などの専門書を翻訳させるとほぼ完璧に訳します。つまり従来のような文法訳読法に頼っていると、学習者は機械翻訳に頼り自分で全く思考せず、教員も学習者が機械翻訳を利用して訳してきたことに気付かず授業を進めるといったことが起こってしまいます（いやすでに起きている）。英語学習において大切なのは間違えることです。学習に間違いがないと学習者自身も成長に気付きませんし、教員も気付くことができません。テクノロジーの発達により間

違いが見えにくく気付きにくくなってしまっている今こそ、学習者そして英語教師はたしかな英文法の知識を持っておく必要があります。たとえば先ほど例に出した "Can you...?" と "Could you...?" を用いた例文を使って機械翻訳してみても違いはわかりません。なぜならシステムは文法知識を持っていないからです。つまり今後は人間の側に機械が持つことのできない高度な知識、つまり規範的な文法に関する最低限の明示的知識を持ちつつ、実際の用法（記述）を知っていることが要求されるようになります。もう英文法が嫌いといえる時代は終焉を迎えました。覚悟して向き合いましょう。

注

1　対比されるものとして「帰納的」アプローチがあり、これは実際の言語使用の具体例から、学習者が一般規則やルールを見つけます。
2　対比されるものとして「多読 (extensive reading)」があり、学習者のレベルに応じて語彙レベルが設定されているものは Graded Readers と呼ばれています。
3　大学にも「学則」という堅苦しいルールがありますが、これがないと大学は成立しません。でも学生のみなさんは知らなくても生活することができます。
4　あくまでも一般的な英語学習者の話であって、英語専攻に在籍する大学生や英語教員を目指す学習者にとっては必須の知識です。
5　インプットは実際に用いられている言語に触れることを意味します。そのため、文法の本を読んで文法について明示的に学ぶことはインプットではありません。Krashen によれば学習者のレベルよりも少しだけ上のインプットを与えることが習得に結びつくといわれています。

参考文献

Hinkel, Eli (2016) *Teaching English Grammar to Speakers of Other Languages*. New York: Routledge.
Keck, Casey and YouJin Kim (2014) *Pedagogical Grammar*. Philadelphia: John Benjamins.
Yule, G. (1996) *Pragmatics*. Oxford: Oxford University Press.
安藤貞雄 (1983)『英語教師の文法研究』大修館書店.
今井隆夫 (2010)『イメージで捉える感覚英文法―認知文法を参照した英語学習法』開

拓社.

江川泰一郎（1991）『英文法解説』金子書房.

加賀信広・大橋一人（2017）『授業力アップのための一歩進んだ英文法』開拓社.

倉林秀男・河田栄介（2019）『ヘミングウェイで学ぶ英文法』アスク出版.

隅田英一郎（2022）『あなたの仕事に英語学習はもういらない―AI翻訳革命』朝日新
　　聞出版.

福田純也（2018）『外国語学習に潜む意識と無意識』開拓社.

松村昌紀（2009）『英語教育を知る58の鍵』大修館書店.

安井稔編（1996）『コンサイス英文法辞典』三省堂.

吉田正治（1995）『英語教師のための英文法』研究社.

私が薦める 2 冊

**Yule, George（2023）*The Study of Language*. 8th ed. New York: Cambridge University
　　Press.**

　1985年に初版が出版されて以来改訂が重ねられ2023年に第8版が出版されまし
た。390ページにも及ぶ分厚い本ですが、比較的簡易な英語で書かれており、発展的
な課題や参考文献に関する情報も豊富です。

English-Corpora.org　https://www.english-corpora.org

　「薦める2冊」ということですが、私がみなさんにお薦めしたい書籍は参考文献に
すでに掲載しているので、ここでは趣向を変えてサイトを紹介したいと思います。
English-Corpora.org はコーパス（言語資料）と呼ばれるものですが、莫大な数の用例
を検索できる言語データベースです。知りたい単語が実際にどのような語と共起して
いるか（コロケーション）、どのような場面でよく用いられているか、その語の類義
語は何か、などさまざまなことを調べることができます。紙幅の関係で使い方までは
言及できませんが、"English Corpora""COCA"" マニュアル " などのキーワードを組
み合わせて検索してみてください。

第6章 | 世界を人間の目だけで見ない方法
——H. D. ソロー『ウォールデン』の
生き物たち

塩田弘

　鈴木孝夫（1926–2021）という有名な言語学者が、92歳の時に出版した本に、『世界を人間の目だけで見るのはもう止めよう』という講演集があります。長年、慶應義塾大学で教え、言語社会学の分野を中心に英語学に関する多くの業績がある鈴木氏ですが、生前最後に出版した本書で次のように述べています。

　　現在の私が最終的に到達したのは、世界を人間の目、人間の立場からだけ見るのはもう止めようということ。人間もあくまで地球上の生物の一種にしか過ぎないのであり、動物と我々は仲間なのです。そういう観点に立って他の動物の目で人間を見るとどう見えることか。（鈴木 2019: 42）

この本では、鳥好きだった子供時代の思い出、出版当時に入所していた老人ホームでの体験、そして日本文化の果たす役割、という幅広い話題を取り上げながら、「人類の未曾有の繁栄がもたらす地球環境への壊滅的な影響」について論じています。そして鈴木氏が到達した境地が、「世界を人間の目、人間の立場からだけ見るのはもう止めよう」というものなのです。
　果たして、どのようにすればわれわれ人類は鈴木氏が言うような「人間以外の視点」を獲得できるのでしょうか。その具体的な方法を鈴木氏は書いていません。しかし生物学者や文学者の中には、鈴木氏に共通する考え方を示している人たちがいます。本章では最初に、それぞれの生き物には人間には分からない独自の世界「環世界」（Umwelt）があることを紹介します。次に、

鈴木氏と同じ境地にいたったと思われる19世紀のアメリカ文学の巨星、H. D. ソロー（Henry David Thoreau, 1812–1867）が、生き物を「隣人」として接していた様子をみていきます。特にソローの代表作『ウォールデン』（*Walden*, 1854）で描かれる生き物たちを、エコロジーを志向する文学研究「エコクリティシズム」（生態学的批評）によって考察します。「エコクリティシズム」とは、異なった学問分野を縦断する「学際研究」の1つで、今回は言語学・生物学・文学という異なる分野を縦断し、作品に新しい光を当てます。そうすることで150年以上前に書かれた古典文学が生き生きと現代によみがえるのです。

1.　「人間中心主義」から「環世界」へ

　人間が人間らしくあるべきだという規範「ヒューマニズム」は、人間にとってとても大事な概念です。それは長い歴史の中で民衆が権力者と戦って勝ち取ってきたもので、未だにその戦いは世界のどこかで続いています。しかし人間が人間のことしか考えず、他の生き物や地球の環境のことを考えない状況は「人間中心主義」（anthropocentrism）として批判されます。人間の生活を豊かにするために大量のエネルギーを消費し、地球環境を破壊し、動植物を絶滅させていくことは、これ以上続けていくことは出来ないのです。この「人間中心主義」の反意語は、「生命中心主義」（biocentrism）または「環境中心主義」（ecocentrism）であり、地球の生態系の保護を重視するものです。このような考え方は、環境破壊が進む現代では次第に影響力を増しています。

　人間は「美しい環境をつくりましょう」と言いますが、どうしても人間を中心に考えがちになります。他の生き物が世界をどのように世界を見ているのかと考える人はいなかったのです。このような中、それぞれの動物がどのような世界を見ているのかを20世紀前半に、はじめて科学的に説明したのがエストニア出身の生物学者ユクスキュル（Jakob Johann Baron von Uexküll, 1864–1944）です。彼が提唱した生物学の概念「環世界」は、すべての生物

はそれぞれに種特有の知覚世界をもって生きており主体として行動している
という考え方であり、次のように説明しています。

> 環世界は動物そのものと同様に多様であり、じつに豊かでじつに美しい
> 新天地を自然の好きな人々に提供してくれるので、たとえそれがわれわ
> れの肉眼ではなくわれわれの心の目を開いてくれるだけだとしても、そ
> の中を散策することは、おおいに報われることなのである。
>
> （ユクスキュル 1934: 日高・羽田訳 7–8）

　人間が見ている世界は絶対的な世界ではなく、それぞれ生き物は人間とは異
なる時間・空間を知覚しているとユクスキュルは説明します。人間が思い描
く「環境」と動物自身がつくりあげる知覚世界で埋め尽くされた「環世界」
とは「根本的な対立があるのは明らかである」（ユクスキュル 1934: 日高・羽
田訳 133）というのです。たとえば、森の中で暮らす野生の動物は暗闇の中
でも物が見えたり、昆虫は紫外線を見ることが出来たり、見える色や空間認
識が人間とは根本的に異なっています。ユクスキュルが例として説明するマ
ダニの環世界にいたっては、視覚や聴覚がなく、時間もありません。マダニ
の環世界は、嗅覚、触覚、そして温度と触った感じだけで作られているので
す。
　人間は動物とは違い、客観的に世界を見ていると人間は思っていますが、
他の動物と同様に人間も主観的に自分にとって意味のある物を拾い出してい
ます。人間が当たり前だと思ってやっていることを動物から見ると、なんと
ひどいことをしているのかと思うでしょう。この地球は人間だけのものでは
なく、さまざまな環世界をもつ生物が共存する場所なのです。現在、地球の
環境破壊が進む中、「自然と共生する世界」を実現するという目標は、「持続
可能な開発目標」（SDGs: Sustainable Development Goals）でも大きな目標と
してあげられているのです。

2.　ソローの「市民的不服従」と『ウォールデン』

　ユクスキュルよりも半世紀前にアメリカで生まれた H. D. ソローは、アメリカ文学史上、最も重要な人物のひとりとされています。19 世紀に生きたソローは、人間を大事にする思想と他の生き物も人間同様に大事にしようとする思想で、20 世紀と 21 世紀の現在に大きな影響を与えています。

　そのうちソローの短いエッセイ「市民の反抗」("Resistance to Civil Government" or "Civil Disobedience"1849）では、人間を大事にする思想が際立ったものです。人間が権力に支配されるのではなく、良心にもとづき、従うことができない制度に非暴力的手段で反抗することをソローは提案するのです。具体的には、ソローは奴隷制度に反対するため、そして当時のアメリカが行った侵略戦争であるメキシコ戦争にも反対するために、税金の支払いを拒否して投獄されました。牢屋に入れられたのは 1 晩だけでしたが、その思想は、マハトマ・ガンディーのインド独立運動やキング牧師の市民権運動などに思想的影響を与え、「市民的不服従」という言葉は現在でも広く使われています。それは専制的な国家に屈することなく、人間としての名誉、権利・自由を主張するもので、人間が人間らしくあるべきだという「ヒューマニズム」を追求した 1 つの形だともいえるでしょう。

　ソローの代表作として世界に影響を及ぼしている 1 冊の本として、『ウォールデン』がありますが、この本では人間はもちろんのこと、他の生物も人間同様に大事にしようという思想、そして環境保護運動のさきがけとなる内容がたくさん書かれています。ノンフィクションであるこの本は、ソローがマサチューセッツ州コンコードにあるウォールデン池のほとりの森の中で 2 年 2 ヶ月 1 人暮らしをした体験に基づくものです。このときソローは住居の小屋を自分で作り、自給自足の生活を送りました。

　そもそもソローが森で暮らした理由として、次のように説明しています。

　　ぼくが森へ行ったのは、慎重に生きたかったからだ。生活の本質的な事　　実だけに向き合って、生活が教えてくれることを学びとれないかどうか

を突きとめたかったからだ。それにいよいよ死ぬときになって、自分が
結局生きてはいなかったなどと思い知らされるのもご免だった。

（ソロー 1854: 酒本訳 137）

森の中でひとりぼっちの生活を送ったソローでしたが、孤独ではなく、彼の
小屋には、しばしば訪問者がありました。「ぼくは交際ずきと言うことでは
たいていの人にはひけをとらない」（ソロー 1854: 酒本訳 214）というソロー
は、小屋には三脚の椅子を置いていて、「ひとつめは一人ぐらしのため、二
つ目は友のため、三つ目は付き合いのため」（ソロー 1854: 酒本訳 214）と説
明しています。

3.　ソローの『ウォールデン』の動物たち

　ソローのウォールデンでの一人暮らしでは、人間の訪問者以外に「動物の
隣人たち」（Brute Neighbors）がいつもそばに居ました。「動物の隣人たち」
ということばは、『ウォールデン』の 12 番目の章のタイトルにもなってい
ます。ここでソローは、野ねずみ、フェーベ、コマドリ、エリマキライチョ
ウ、カワウソ、アライグマ、ヤマシギ、アリ、猟犬、猫、アビといった、森
に住んでいる様々な動物を「隣人」として温かい目で見つめます。動物は意
識を持たない機械のような存在ではなく、ソローはまさしく「隣人」のよう
に接したのです。
　ソローはハーバード大学出身の英才で、当時の自然科学研究の方法として
一般的だった博物学にも精通していました。当時の博物学での鳥の研究は、
鳥の標本を収集し、対象物として研究することでした。しかしソローの鳥類
の研究方法は、当時はまだ存在していなかった動物の生態を研究する方法を
先取りするものでした。その方法として『ウォールデン』では次のように書
いています。

　だが白状すると、今では鳥類学を研究するならもっと素敵な方法がある

のではないかと考えている。その方法は鳥の習性に遥かに精密な注意の集中を要求するもので、そういう理由からだけでも、ぼくは銃を手放したいと思ったのだ。　　　　　　　　　　（ソロー 1854: 酒本訳 321）

このようにソローは、鳥の習性を細かに観察する中、鳥たちを「隣人」として親しく接していきます。ソローは『ウォールデン』以外にも、膨大な日記の中で詳細に記録を残しています。渡り鳥がいつ森にやってきて、鳴き声がいつ聞こえたのか、どこで鳥の足跡を見つけたのかなど、細かな記録を残していて、最近では鳥の記述だけで 1 冊の本が編纂されたほどです。これは最初にあげた言語学者、鈴木孝夫氏が鳥のコミュニケーションを研究して、それが最初に書いた論文「鳥類の音声活動―記号論的考察」となったことにも通じるものです。

　ソローはさまざまな動植物について細かに観察し、記録に残していますが、「動物の隣人たち」の章では、「アリ」のような小さな昆虫も「隣人」として見つめています。ある日、アリ同士が喧嘩をしている様子を見つけ、4ページにもわたり詳細に描写しています。

　ぼくが目にしたのは、こんなのどかなできごとばかりではない。ある日、積み上げておいた薪、と言うより切株の山へ出かけたとき、ぼくは二匹の大きなアリが、一匹は赤く、もう一匹はずっと大柄で、半インチ近くもある黒いのだったが、たがいに激しく争い合っているのを目撃した。いったん噛みついたらもう二度と放さず、闘争し、格闘し、木端の上をひっきりなしに転げまわった。さらに先のほうを見ると、驚いたことに、木端の上はアリの戦士たちでいっぱいで、これは一騎打ちなんかではなく、りっぱな戦争、アリの二つの種族のあいだの戦いだと分かった。赤いアリはいつも黒いアリに対抗し、多くの場合は一匹のクロアリにアカアリ二匹が立ち向かった。これらミュルミドーン族の大軍がわが薪置場の中のすべての岡や谷を埋めつくし、地面には赤と黒両軍の死者と瀕死の重傷者がすでに散乱していた。これはぼくがかつて目撃した

たった一つの戦闘であり、戦闘がたけなわのあいだにぼくが戦場をこの
足で歩いたのもこのとき限りだ。食うか食われるかの肉弾戦、片やアカ
アリの共和派と片やクロアリの皇帝派の戦いだ。どちらを見ても死闘ず
くめの光景だったが、ぼくの耳には物音一つ聞こえてはこず、しかも人
間の兵士もかなわぬほどの断固たる戦いぶりなのだ。木端に埋まり日差
しに恵まれたこの小さな谷間で、ぼくは二匹のアリががっぷり相手と組
み合ったまま、今は真昼ながら日が沈むまで、それともいのちの火が消
えるまで戦う覚悟でいるらしいのを眺めていた。小柄な赤いほうの戦士
は万力もどきに敵にまともに食らいつき、戦場をごろごろ転がりなが
ら、相手の触角の付け根のいっぽうを食いちぎろうとする努力を一瞬た
りともやめず、しかも他の一本はすでに折られて消えていた。力に勝る
クロアリに右へ左へ叩きつけられ、もっと近づいてよく見てみると、す
でに手足の幾本かをもぎ取られているというのに怯まないのだ。双方と
もブルドッグも顔負けの不撓不屈な戦いぶりで、退却の気配など露ほど
も見せなかった。彼らの戦陣訓が「勝利を、さもなくば死を」であるこ
とは一目瞭然だった。　　　　　　　　　（ソロー 1854: 酒本訳 345–347）

　ここでソローは「アリの二つの種族の間の戦い」を「戦争」と表現していま
す。このように動物たちは自然の中で過酷な姿も見せるのです。ここでソ
ローは人間と生き物の境界を超えて「戦争」を観察し、無残な状況を冷酷に
描いていきます。逆に言うと、長い歴史にわたって戦争を繰り返す人間を、
ソローはアリの視点でとらえているともいえるでしょう。
　その他に「動物の隣人たち」の章でソローは、渡り鳥のカモがウォールデ
ンにとどまる理由を、「それにしてもウォールデンの中ほどを泳ぐことで、
安全のほかに彼らが何を得たのか、もしもぼくと同様、彼らもこの池の水が
大好きだと言うことでなければ僕には考えも及ばない」(ソロー 1854: 酒本訳
357) と章の最後に書いています。ウォールデンの池に引きつけられ、土地
によってつながった「隣人」としてソローは鳥たちにますます共感を寄せる
のです。

　『ウォールデン』15 章「冬の動物たち」でもソローが隣人と考える動物た
ちが多く登場します。そして池の氷も厚くなる厳しい冬に、自然が供給する
食糧で命をつなぐ野性の知恵を、動物たちの日々の営みから学びます。続い
て 16 章「冬の池」では、「ウォールデンの澄んだ水がガンジスの聖なる水
と混じり合うのだ」（ソロー 1854: 酒本訳 448）と、毎日暮らす森の中で動物
たちと分かち合っているウォールデン池の水が、地球をぐるぐると循環して
いることに想像をめぐらせます。ウォールデンの池の水をめぐって、ソロー
の世界観は地球規模に拡大するのです。さらに、『ウォールデン』の最終章
では「ぼくらに宿るいのちは川を流れる水に似ている」（ソロー 1854: 酒本訳
499）とも述べています。ウォールデン池の水を出発点に、自らの体内にも
循環する命の源を見いだし、それが森に住む生命の間を等しく流れてつな
がっていることに言及しているのです。
　ソローの動物への接し方を受けついだ 20 世紀の作家のひとりであるヘン
リー・ベストン（Henry Beston, 1888–1968）は次のように述べています。

　　私たちはより賢明な別の動物観、おそらくはより不思議に満ちた動物観
　　を持つ必要がある。文明の中に生きる人間はあまねく広がる自然から隔
　　絶され、複雑な人工物に囲まれて生活しているから、自らの知識という
　　眼鏡を通して生き物を観察し、一枚の羽毛を拡大し、全体像を歪めて見
　　ている。私たちは動物を不完全な生き物と思い、人間よりも劣ったかわ
　　いそうな生き物と見るから、動物をかわいがる。それが間違い、大変な
　　間違いなのだ。人間の尺度で動物たちを判断してはならない。人間界よ
　　りも古くて完全な世界に住む動物たちは、完成した姿をしており、我々
　　人間が失った感覚、もしくは獲得し得ない鋭敏な感覚を与えられて、
　　我々には聞こえない声に従って生きている。彼らは人間の同類ではな
　　い。人間の従属者なのではない。人間と同じく生と時間の網の目にとら
　　われているが、異なる国の住人なのだ。人間も動物とともに、この世の
　　歓喜と苦悩の囚人なのだ。
　　　　　　　　　　　　　　　　　　　　　　　　（ベストン 1928: 村上訳 150）

ベストンが述べるように、人間が絶対的な存在であると考えるのは間違い
で、「人間界よりも古くて完全な世界」を理解することが大事なのです。そ
うすることで、「人間以外の視点」で世界を見ることが可能となり、人間と
動物が共存する可能性が広がるのです。

4.　まとめ

　この章では、「世界を人間の目だけで見ない方法」を、言語学者の鈴木孝
夫氏を出発点に、ユクスキュルが提唱した「環世界」という概念を紹介した
後、ソローの『ウォールデン』の「動物の隣人たち」を中心に考えました。
現代の社会では、人間同士でさえもお互いを理解することが出来ず、世界各
地で戦争も繰り返されています。その結果、地球規模での存亡危機が深まっ
ているのです。このような現状の中で、人間が他の生き物と共存していく方
法と、本来人間はいかに生きていくべきかという問題が問われています。
　現在起こっている異常気象や環境破壊などの人類の滅亡危機への対策に
は、それぞれの学問分野でのより詳細な研究が必要となるでしょう。しか
し、それだけでは十分ではありません。専門領域を超えて知恵を集める必要
があります。単独の学問分野では解決が困難な研究領域に対して、学問分野
を横断的に進めて行く研究方法のことを「学際研究」(interdisplinary)といい
ます。その中でも、文学作品を、人間・文化・社会を自然環境との相互的な
関わりの中から考える方法「エコクリティシズム」(生態学的批評)では、気
候変動と環境問題、人間と動物の関係など、様々な観点から研究することも
可能です。そのような方法を取り入れた時、文学研究は時代に即した最先端
の学問となります。そこには時間や空間を超えて、これまでの常識を覆す新
しい世界が開かれている可能性があります。

引用・参考文献

Beston, Henry（1928）*The Outermost House: A Year of Life on the Great Beach of Cape Cod.* New York: Rinehart & Co.（村上清敏訳（1997）『ケープコッドの海辺に暮らして——大いなる浜辺における一年間の生活』本の友社）

Thoreau, Henry David（1849）"Resistance to Civil Government" or "Civil Disobedience." *Aesthetic Papers.* 189–211.（飯田実訳（1997）『市民の反抗』岩波書店）

Thoreau, Henry David（1854）*Walden; or, Life in the Woods.* Boston: Ticknor and Fields.（酒本雅之訳（2000）『ウォールデン』筑摩書房）

Thoreau, Henry David（2019）*Thoreau's Notes on Birds of New England.* Francis H. Allen, ed. New York: Dover Publications.

Uexküll, Jakob Johann Baron von（1934/1970）*Streifzüge durch die Umwelten von Tieren und Menschen.* Frankfurt am Main: Fischer Verlag GmbH.（日高敏隆、羽田節子訳（2005）『生物からみた世界』岩波書店）

鈴木孝夫（2019）『世界を人間の目だけで見るのはもう止めよう』冨山房インターナショナル

私が薦める 2 冊

Thoreau, Henry David（1854）*Walden; or, Life in the Woods.* 酒本雅之訳（2000）『ウォールデン』筑摩書房.

　『ウォールデン』は、ソローが故郷に近い森での 2 年 2 ヶ月にわたる 1 人暮らしを 1 年間の体験としてまとめた回想録です。ソローは夏には池で水浴びをした後、読書や執筆の後、1 日に 2 時間か 3 時間、畑で農業をします。秋になると木の実や野生の果実を集め、農作物を収穫します。冬には池が氷に閉ざされ、その後一気に訪れた春を迎え喜びを感じます。本書でソローは、森の自然やさまざまな動植物だけではなく、思想、労働、社会について書いています。結末の一節（結句）は「夜明けを迎えるにはぼくらが目ざめていなければならない。夜明けはまだまだこれからだ。太陽など所詮は明けの明星に過ぎない」（ソロー 1854: 500）という神秘的なものです。

Thoreau, Henry David（1849）"Resistance to Civil Government" or "Civil Disobedience." 飯田実訳（1997）『市民の反抗』岩波書店.

　本書は表題の「市民の反抗」の含む 6 編のソローのエッセイ集です。特に、奴隷制度に反対するソローの思想を反映した「市民の反抗と」と、「ウォーキング」「森林樹の推移」などの自然誌エッセイが注目されてきました。

コラム③ コーパスを使いこなす

大澤真也

　実際に用いられていることばを電子化して集約したものをコーパス（言語資料）と呼びます。ことばを電子化することで(1)どのようなことばが頻繁に用いられているか、(2)どのようなことばがコロケーションとして用いられているか、などの情報を得ることができます。(1)に関して言えばいくつかの単語リストが公開されています。

New General Service List（NGSL）

https://www.newgeneralservicelist.com/new-general-service-list

2,800語から構成される一般的な英単語のリストで、この単語を覚えていれば一般的な場面で用いられる単語の92％を網羅すると言われています。まずはこのリストに載っている単語を確実に覚えましょう。

New Academic Word List（NAWL）

https://www.newgeneralservicelist.com/new-general-service-list-1

957語から構成される一般的なアカデミック英語に用いられている英単語のリストです。NGSLよりもさらに高度な語彙を学びたい時に役立ちます。

　学ぶべき単語がわかったら、(2)のコロケーション（連語）についても留意する必要があります。コロケーションは、「慣習的に見られる語と語の結び

つき」です。言い換えれば相性の良い語のつながりということになります。コロケーションを調べる際に有用なのがコーパスですが、オンラインで利用できる有名なものとして English-Corpora.org があります。登録が必要で無料ユーザの場合には利用が制限されますが、サイトでアクセスできる多くのコーパスを利用して多様な検索をおこなうことができます。例えば現代アメリカ英語のコーパスである COCA（Corpus of Contemporary American English）を利用して Word に "exchange"（名詞）という語を入れて検索してみます（図1）。

　そうすると、類義語（SYNONYMS）やコロケーション（COLLOCATES や CLUSTERS）を1画面で確認することができます。YouGlish や PlayPhrase、Yarn といった文字も見えますが、これらは動画を集約したデータベースで、リンクをクリックすることで "exchange" の発音を確認することもできます。コロケーションをもっと簡単に検索したいのであれば ozdic.

図 1. English-Corpora の検索結果

com というサイトもお勧めです（図 2）。このサイトは登録不要で、検索した
語に相性の良い語を探してくれます。"exchange" という単語の意味を知って

☆ **exchange**　*noun*

¹ `giving/receiving sth in return for sth else`

▌ <u>ADJ.</u>

fair | mutual, two-way

We get together once a month for a mutual exchange of ideas.

▌ <u>PREP.</u>

in ~ (for)

Woollen cloth and timber were sent to Egypt in exchange for linen or papyrus.

| ~ between

There were exchanges of goods between the two regions.

| ~ for

She considered free language lessons a fair exchange for free accommodation.

² `angry conversation/argument`

▌ <u>ADJ.</u>

brief | acrimonious, angry, bitter, heated, sharp | verbal

a bitter verbal exchange

▌ <u>PREP.</u>

~ about

angry exchanges about the problem of unemployment

| ~ between

There were many acrimonious exchanges between the two men.

| ~ with

Opposition MPs were involved in heated exchanges with the prime minister.

▌ <u>PHRASES</u>

an exchange of views

She had a full and frank exchange of views with her boss before resigning.

³ `of foreign currencies`

▌ <u>EXCHANGE + NOUN</u>

rate

⁴ `visit`

▌ <u>ADJ.</u>

academic, cultural | student, youth | official

▌ <u>VERB + EXCHANGE</u>

go on

▌ <u>PREP.</u>

on an/the ~

She is in France on a student exchange.

| ~ to

He's gone on an exchange to Rome.

| ~ with

an exchange with a German student

図 2. OZDIC の検索画面

いたとしても、どんな形容詞や前置詞と相性が良いかを知らないとうまく使うことができません。単語に関するより深い知識を得るためにはコーパスを用いた学習がお勧めです。

　さいごに2つコーパスとして利用できる有益なサイトを紹介して終わりにしたいと思います。

TED Corpus Search Engine
https://yohasebe.com/tcse/

英語学習にも活用できるサイトTEDのコーパスです。語を検索すると、その動画でその語が使われている場面へのリンクが表示されすぐに動画を閲覧することができます。

QuoDB
https://www.quodb.com

20万本以上の映画を集約したデータベースです。English-CorporaやTED Corpusに比べると検索機能が劣るため調べたい単語が出てこない場合もありますが、それでも充分に楽しめます。好きな映画が出てくるかも！？

IV

英語<ruby>を<rt>ことば</rt></ruby>通して
深める世界

第7章 英語関係節はなぜ難しいか
——研究のススメ

阪上辰也

　わたしたちは、英語という言語について、「英語ができる」、「あの人は英語がペラペラ」、「英語がすごく苦手」などのセリフを見聞きしたり、自分自身がそのようなことを話したりしたことがあるのではないでしょうか。

　ここで1つ考えてみてほしいことがあります。「英語ができる」であるとか「英語がペラペラだ」といった表現は、どのような状態を表しているのでしょうか。1つの案ではありますが、「英語を問題なく、あるいは、完璧に読める・聞ける・書ける・話せる」という状態を表現していると考えられます。ここでさらに考えてみてほしいのですが、「問題なく、完璧に読める・聞ける・書ける・話せる」という状態はどのような状態なのでしょうか。このように、ありふれた日常会話から疑問を見つけ出し、さらに深く考えてそれが何かを探ることは、調査・研究のはじめの一歩と言えます。

　話を最初に戻しますが、「英語ができる」ようになったということは、「英語という言語についての知識や、その言語を使う（＝書く・話す・聞く・読む）ための技術を“習得”（acquire）した」と言い換えることができます。わたしたちは、生まれてから接し続けた言語を一番に「習得」（「獲得」と表現することもあります）しますが、それ以外の言語を習得するのはなかなか難しいとされています。実際、学校などで英語を勉強していて、不自由なく英語を使えるようになったと感じている人は、実際のところあまり多くいないかもしれません。それは、自分自身が英語の勉強を苦手と感じている、あるいは、あまり英語の勉強をする気が起きないという、学ぶ人に何らかの原因があるとも言えますが、英語という言語そのものが持つ特徴が、学ぶ人に何

らかの影響を与えている、つまり、何か難しさをもたらす要因があると考えることもできます。

　ことばについての研究を行う分野の1つとして、「第二言語習得研究」というものがあるのですが、本章では、どのように研究を進めるのかについて説明するとともに、研究を通して何がわかっているのか、逆に、何がわかっていないのか、についてお伝えします。読み終えた時に、ことばにかかわる研究のおもしろさを感じてもらえれば幸いです。

　この章では、英語を外国語として学ぶ時、比較的学ぶのが難しいとされるものの例として、who や which に代表される英語の「関係詞」に着目し、英語を外国語として学ぶ人が関係詞を用いた「英語関係節」[1]をどれほど習得できているのかについて研究した事例を紹介します[2]。

1.　英語関係節のなにが難しいのか

　英語を学ぶと、私たちは学校などでさまざまな文法を教わります。英語関係節は、英語を学ぶ際に出てくる文法の中でも、学んだり使ったりすることが比較的難しいものの1つとされています。この節では、関係節が難しく感じられる理由について考えながら、そのことについて実際に調べた事例を紹介します。

1.1　難しく感じる関係節のタイプはどれか

　まずは、英語関係節とはどのような表現であったか、復習もかねて例文をみていきましょう。

(1)　I met the girl who bought that book.

(2)　This is the picture which she painted last year.

(3)　That is the man whom I met 20 years ago.

　上記の例文では、目的語や補語となっている名詞に対して、その名詞のこ

とをより詳しく説明するための関係節が使われています。例えば、(1) にお
いては、「私は女の子にであった」とあり、その女の子の状況をさらに詳し
く説明するために、「あの本を買った」という関係節をくっつけています。
(1) と (3) は人を、(2) は物を説明するための関係節が使われています。

　続いて、以下の例文をみてみましょう。

(4)　　The boy who is running is my son.

(5)　　The pen which I bought last month is broken.

(6)　　The woman whom I met yesterday is coming to my house.

　(4)(5)(6) は、主語となっている名詞を説明するために、関係節が文の途
中に挟み込まれています。(1)(2)(3) は、目的語となっている名詞を説明す
るために、文の最後に関係節がくっついていましたが、1 つの文の中で関係
節が入り込んでおり、使われている位置の違いがあることがわかります。

　ここで挙げた 6 つの例文が関係節のタイプすべてというわけではなくて、
これまでの研究調査において数多く調べられてきた主な関係節のみをならべ
ています。次に、これらの例文を見比べてみてください。あなたがこうした
英語を書こう・話そうとしたときに、どの文が一番難しいと感じるでしょう
か。そして、それがどうして難しいと思うのかを考えてみてみましょう。

　どの例文も、文全体が表す意味がわかりにくいと感じる人は少ないと思い
ます。しかしながら「"なんとなく"読みにくいな」と感じるのは、後半に
あげた (4)(5)(6) の英文ではないでしょうか。そうした"なんとなく"読
みにくさを感じたとしたら、それは一体なぜなのか、今度はその理由を考え
てみることにしましょう。

1.2　難しく感じる理由はなにか

　さきほどの 6 つの例文のうち、後半の (4) から (6) の 3 つの文について、
"なんとなく"読みにくさを感じた理由をいくつか並べてみます。

・1 つの文に同じ動詞が 2 つ並んでいる：(4)
・関係節に含まれる単語の数が他の文より多い：(5)
・*whom* という関係詞を見慣れていない：(6)
・主部になっている名詞の説明が後ろにある：(4)(5)(6) に共通
・主部が長い（＝単語数が多い）：(4)(5)(6) に共通

　これらの理由について、皆さんはどう思ったでしょうか。みなさんが考えた理由と似たものがいくつかあったでしょうか。もう少し具体的に考えてみると、関係節を読んだり話したりするのに難しさの理由がいくつか見当たります。次に考えるべきは、これらの英文が本当に難しいものなのかどうかを調べてみることです。次の節では、実際にそれらを調べた研究をいくつか紹介します。

2.　関係節の難しさを調べてみよう

　わたしたちは、ある物事のことをわかっているか、理解できているかどうかを確かめるため、さまざまな「テスト」を受けてきました。その結果が良ければ、そのことをわかっている、と判断してきたわけです。これと同じように、浮かんだ疑問にこたえるために、わたしたちは「調査」や「実験」を行って、事実を明らかにしようとします。図書館に行き、欲しい情報を探すという調査もあれば、物が燃えるのには酸素が必要なことを確かめるために、酸素が充満したガラス瓶の中でろうそくの炎が大きくなることを確認する実験もあります。これらと同じように、なんらかの調査や実験を通して、自分の考えたことが正しいのかどうかを確かめていきます。
　英語を学ぶ人が関係節のことをどれほどわかっているのか、そして、何がどう難しいのか、こうした疑問についてどのように調査すればよいのでしょうか。この後の節で、これまでに行われてきた研究を紹介します。

2.1　仮説を立てて調べる方法を決める

　研究をはじめるべく、まずは、それまでに自分が得た事実や経験を踏まえ、「こうなるはずだ」という仮説を立ててみて、それを調べるための方法を決めていくことになります。実際の研究では、同じような疑問を持ち、既に調査をしている人たちが多くいるので、その人たちが書いたもの（書籍や論文）を調査し、どのような仮説が立てられるかを考えていきます。ここでは、次の仮説を考え、その仮説が正しいかどうかを調べるための方法を決めます。

仮　説：「(1) よりも (6) の英文の方が文法的に難しい〈はず〉だ」
方　法：「文法のテストをすれば、その得点に差が生じる〈はず〉だ」

　みなさんと考えてきたように、"なんとなく"感じてきた難しさの原因について、さまざまな研究が行われており、関係節にかかわる研究は、長年に渡って行われています。研究を進めるには、こうした仮説を立てて、仮説を調べる方法を決めたら、実際に調査を行い、調査で得られたデータを分析します。

　ここでまず紹介するのは、今から 30 年以上前の 1987 年に発表された研究（高梨・岩見 1987）の結果です。この研究では、英語を学ぶ日本人の中学生を対象に、関係節についていくつかのテストを実施して、それらの結果を比較しています。この調査では、(1)(3)(4)(6) の例文にあったタイプの関係節についてのテストを行いました。その結果としてわかったことは、(1) のタイプの関係節（＝目的語の名詞について *who* を使って説明するもの）についてのテストが最も簡単であり、高い点を得る中学生が多くいたということです。逆に、(6) のタイプの関係節（主語の名詞について *whom* を使って説明したもの）についてのテストが最も難しく、低い得点となっていたことがわかりました。

　続けて、もう 1 つの研究（Izumi 2003）を紹介します。この研究では、アラビア語・中国語・フランス語・日本語・トルコ語・スペイン語といった、

さまざまな言語を母語とするそれぞれの英語の学習者に対して、関係詞を使って2つの文をつなげるテストや関係節の文法についてのテストなどを行い、その成績の差を分析しました。その結果として、(1)や(2)のタイプのような関係節が、(4)や(5)のようなタイプの関係節よりも簡単な(テストの得点が高い)傾向が見られることがわかりました。

　これらの結果を踏まえると、次のことが言えそうです。

・(1)のタイプの関係節は、他のタイプに比べて理解しやすい
・(4)(5)(6)のタイプの関係節は、(1)や(2)のタイプより理解が難しい

　それでは、この結果を踏まえ、なぜこのような結果になったのかを改めて考えていきましょう。ちなみに、研究においては、このように調査した結果を分析した後に、そうした結果となった理由について考えていく「考察」という作業を行います。

・文の途中で関係節が入り込んだせいで難しかった〈かもしれない〉
・*whom* は *who* に比べて見慣れてないので難しかった〈かもしれない〉

　関係節のタイプによって、その難しさに差があるとわかり、その理由を上に書いたように考察したわけですが、〈かもしれない〉と強調したように、確定的なことが言えるわけではありません。あくまでも、結果から考えられる"それらしい"、あるいは、"もっともらしい"理由を推測しているという点に注意してください。

　そして、この考察から新たな疑問も生まれてきます。つまり、関係節の中でもタイプによって理解が難しいものと、そこまで理解が難しいものではないものがあるものの、「実際に関係節を使えるかどうか」まではわからないという疑問です。

2.2　理解できているけど実際に関係節を使えるのかを確かめてみる

　前の節で紹介した研究例では、関係節にかかわる「テスト」を実施して調査を行なっていました。つまり、関係節のことを知っているか・〈理解〉しているかどうかについて、みなさんも受験や定期考査で受験したようなテストを使い、その得点が高いか低いかを分析して、関係節のタイプによって難しさについて理解の度合いに差があるのかどうか、理解する難しさに違いがあるのかを確かめてきたというわけです。

　その結果を受けて浮かぶ新たな疑問の 1 つは、「よく知っている（＝テストの得点が高い）けれども、関係節を本当に使う（＝書いたり話したりする）ことはできるのか」というものです。話は変わりますが、小さな子どもが自転車の乗り方を教えられ、その知識を持っていたとしても、必ずしも上手に乗れるようになるとは限りません。乗り方を大人に教えられても、最初のうちは、ペダルをうまく漕ぐことができず、転んでしまったり、ふらついてしまったりして上手に乗ることはできません。このことと同じように、関係節について知識を持っていたとしても、その知識を活用して実際に使えるのかどうかはわかりませんし、年齢（学年）などによっては、知っていても、うまく使えない可能性があるというわけです。

　実際に関係節を使えるのかどうかを確かめるために、筆者が「コーパス」と呼ばれるデータベースを検索し、関係節が使われた文がいくつあったのかを数えてその傾向を分析して、実際に関係節を使えるのかどうかを調べた筆者の研究事例を紹介します。

2.3　言葉のデータベースである「コーパス」を分析・観察する

　「コーパス」とは、コンピュータで処理（検索や加工など）ができるように、実際に書かれたり話されたりして使われたことばを大量に記録したデータの集まりです[3]。実際に書かれたことばというのは、書籍や新聞などに記されたものであり、話されたことばというのは、テレビ番組や映画等で用いられたセリフなどが当てはまります。大量にデータを集めてコンピュータで処理することで、ある表現がどれほど使われているか、どのような文脈で使

われているかといったことを調べることができます[4]。

　コーパスは、辞書を作るときなどに、ある表現が本当に使えるものなのか、自然な表現なのかどうかを確かめるために使われることが多かったのですが、今回紹介しているような言語の習得について調べる研究においても、コーパスが使われるようになっています。ある言語の文法などについて知っているかどうかだけなく、実際に使うことができているかどうかの証拠を得られると考えられて使われるようになったわけです。

　筆者が行った調査(阪上 2020)では、日本人の英語学習者に加えて、英語の母語話者や中国や韓国などの 9 地域の英語学習者によって書かれた英作文のデータを使って作られたコーパスを分析しました。ちなみに、英作文にはテーマが設定されており、「大学生によるアルバイトの是非」と「レストランでの完全禁煙の是非」という 2 つのトピックで書かれた作文のデータがこのコーパスには記録されています。

　筆者の調査では、比較的作文や会話で使われることが多いと予想される関係詞として、*who* と *which* という 2 種類に調査対象を限定しました。そして、これらの関係詞が実際にどれほど多く使われていたのか、また、その 2 種のうちどちらが多く使われていたかなどについて、コーパスを検索することで調査しました。その結果、次のようなことがわかりました。

・母語にかかわらず、学習者の多くは、*which* より *who* を多く使う
・*who* を使う場合、先行詞に複数形の名詞が多く使われている

　それでは、この結果を受けて、再び「考察」をしてみましょう。日本人の学習者は関係節についての知識を持っていて、*who* や *which* といった関係詞を実際の英作文の中でそれなりの数が確認できたので、いずれの関係詞についても習得できている(=書いて使うことを難しいとは感じていない)と判断できそうです。そして、どちらかといえば *who* を多く使っていて、*students* のような複数形の名詞を先行詞として使う傾向が強く見られたことから、おそらく日本人の英語学習者にとっては、人を示す名詞を先行詞にし

た関係節を用いた文が最も簡単な（＝充分に習得されている）タイプの関係
節であろうと考えることができます。

2.4　見え（てい）ないものがたくさんあるということ

　ここまでみてきたように、日本人で英語を学ぶ人にとって、関係詞の *who*
については充分に理解され、使う（書く）こともできるということがわかっ
てきました。

　ただし、ここで気をつけておきたいことがあります。それは、「データに
ない＝存在しない」とは言えない、ということです。2.3 節で紹介した研究
では、*which* を使う事例が、*who* を使う事例と比べて少ないことがわかりま
したが、それは必ずしも *which* の使い方をよく知らない、正しく使うことが
できないということを意味するわけではありません。知っていても使わない
（この現象を「回避」と言います）という場合もあれば、意図的に *which* が省
略された可能性もあります。ちなみに、このような関係詞が省略される事例
を「ゼロ関係節」と呼ぶことがあります。このような場合には、データとし
て直接観察することは難しくなります。

　先ほど紹介したコーパスのデータを用いた分析においても、関係節を知っ
ているから使えていると考えるのは自然ですが、関係節の使い方を誤ってい
る場合もありますし、さらに言えば、文法的には正しいものの、表現として
は不自然である、という場合もあります。そのため、関係節を本当に正しく
理解し、正しく使えているのかについては、さらなる調査や分析が必要に
なってきます。このように、研究を進めれば進めるほど新たな疑問や課題が
生まれてきます。一言で言えば、「研究という活動は、果てしない旅のよう
なもの」かもしれません。

3.　研究を通じて自分の道を切り拓こう

　この章では、「英語ができる」とはどういうことなのか、英語にかかわる
知識や英語を使うための技術を習得するとはどういうことなのか、といった

ことについて、英語の関係節の習得にかかわる研究を紹介しながら考えてき
ました。

　これまでの話を振り返ってみると、冒頭で記した「英語ができる」という
表現が、研究をする上では実にあいまいなものであるかがわかったと思いま
す。そこで、「英語ができる」という状態を、文法の知識として知っている
かどうか、そして、実際に関係節を書いたり話したりして使えるかどうか、
という「習得」の状態に言い換えて考え直してみました。それらの疑問につ
いて調べるために、第二言語習得という研究分野において、どのような研究
が行われてきたのかを紹介するとともに、研究というのは、それまでにわ
かっていることなどを踏まえて仮説を立て、調査や実験の方法を決めて実行
し、それらから得られたデータを分析して、その結果について考察するとい
う一連の流れについても説明してきました。

　私たちは、毎日、さまざまな行動をして生きているわけですが、その行動
が起こっているのには、何らかの「理由」がある〈はず〉です。例えば、ご
飯を食べるという行動を起こすのは、お腹が空いていたから、あるいは、家
族や友だちと楽しい時間を過ごしたいから、といったいくつかの理由があり
ます。これと同じように、英語の関係節のようなものを学習するときに難し
く感じることについても、いくつかの理由があると考えられます。

　理由を考えはじめたとき、疑問を持ちはじめたときが研究の始まりであ
り、このこと自体はとても身近なものと言えます。この章でみてきたよう
に、研究を行うには、仮説を立てて調査を行い、その結果を考察するという
流れがありますが、こうした活動を行うために必要な基本的な知識やスキル
があります。それらを大学で学んで身につけることは、さまざまな問題や課
題を解決する上で必要なものであり、みなさんの今後の人生を切り拓くため
にも大切なものとなるはずです。

注

1　関係節は、名詞節・副詞節のように、「関係〈詞〉節」と呼ばれることもありますが、本章では、より簡便な表現である「関係節」を用いています。

2　なお、関係〈詞〉は *who* や *which* などの単語そのものを示し、関係〈節〉は、それらの関係詞に主部や述部となる単語を加えて作り上げられる2語以上のまとまりを示しています。例えば、The book *which* I bought yesterday（私が昨日買った本）という表現の場合、*which* のみが関係〈詞〉であり、which I bought yesterday という4語が関係〈節〉となります。この関係節が The book という先行詞を修飾するという構造になっています。

3　English-Corpora.org というサイト（https://www.english-corpora.org/）にアクセスすると、さまざまなコーパスを実際に検索することができます。有名なものとして、イギリス英語のコーパスである「British National Corpus」（BNC）とアメリカ英語のコーパスである「The Corpus of Contemporary American English」（COCA）があります。前者は約1億語、後者は約10億語の英語が記録されている規模の大きなコーパスで、いずれもテレビなどで話されたことばと、新聞などの書かれたことばが収録されています。話されたものか書かれたものかを区別して検索することができ、ある英語表現が話される時によく使われるのか、書かれる時によく使われるのかを比較しながら調べることができます。

4　Google などの Web サイト検索サービスを利用することで、インターネット上にある膨大な情報を調べることができますが、インターネット上の Web サイトの集まりは、私たちにとってもっとも身近なコーパスと言えるかもしれません。

参考文献

Izumi, Shin-ichi（2003）Processing Difficulty in Comprehension and Production of Relative Clauses by Learners of English as a Second Language. *Language Learning* 53: 285–323.

阪上辰也（2020）「英語学習者による関係節の産出状況の計量的分析とその課題」鬼田崇作・山内優佳（編）『深澤清治先生退職記念 英語教育学研究』pp.135–147. 渓水社.

高梨庸雄・岩見一郎（1987）「関係代名詞の学習について」『弘前大学教育学部教科教育研究紀要』5: 21–39.

私が薦める 2 冊

新多了 (2019)『「英語の学び方」入門』研究社.

　　第二言語習得研究でわかってきていることをもとにして、英語をどのように学べば良いのか、その具体的な方法について説明されています。語彙や文法にかかわる知識をどう身につけたら良いか、話すことや書くことなどをどうトレーニングしたら良いかが、数日もあれば読み終えられる分量でわかりやすく説明されています。

白井恭弘 (2008)『外国語学習の科学―第二言語習得論とは何か』岩波新書.

　　第二言語習得研究 (本書では、第二言語習得「論」とされています) の概要をわかりやすく解説してくれている書籍です。専門用語もやさしいことばで説明されているので、第二言語習得という研究分野でどのようなことが研究されているのかをみることもできます。大学を選ぶ時に、言語にかかわる研究分野の 1 つとして何をしているのか、大いに参考になるはずです。

第8章 | 器から読む文学作品

西光希翔

1. 「映え」させているのは器？

　本題に入るまえに、アメリカ人の友人と一緒に食事をしたときの話をさせてください。久しぶりの来日だった友人に、何が食べたいか聞いてみました。彼は和食を希望。せっかく日本に来てくれるのだし、少し奮発して雰囲気のあるお店に行くことにしました。立派な店構えのお店です。席に着いて、お互いの近況を話していると、美味しそうな料理が運ばれてきました。私はとても空腹だったので、早く食べようと箸を持ちます。料理に箸をつけようとしつつ、友人の方に目をやりました。すると、彼はずっとお皿を眺めています。どうしたのかと尋ねると、彼が言いました。「和食は美しい。料理はもちろんだけれど、器がその美しさを引き立たせていると思う。料理と器が一体となって、和食を作り上げているに違いない」と。そう言われると、器の彩りと料理の色が絶妙にマッチしている気がしてきました。きっと料理人の方は、器や盛り方も含めた全体を料理と見做しているのでしょう。和食の「映え」に、器が重要な役割をはたしているのかもしれません。

　この友人と和食のエピソードは、文学研究に繋がるのではないかと後から考えるようになりました。文学の考察をすると、多くの学生は物語の内容やテーマに注目します。例えば、人種やジェンダーといった問題は多くの学生の関心を集めます。これらの問題は私たちもよく耳にしますよね。文学研究をする学生は、テーマを探すのが上手です。文学研究における内容やテーマは、和食でいうところの料理でしょうか。恐らく、料理が運ばれてきたと

き、多くの人は料理そのものに注目し、舌鼓を打つでしょう。しかし料理を
より美しく「映え」させるための器について評論できる人はそう多くないよ
うに思います。だからこそ、料理を食べているときに器について何かウンチ
クを語ることができれば、専門家のように見えるかもしれません。

　では料理を盛るための器は、文学研究では何に該当するのか。「言葉」と
「作品の構造」がその1つにあたるのではないかと考えています。先ほども
書きましたが、文学を分析する際に、学生の皆さんはまずテーマを追いかけ
ます。人種やジェンダーなどのテーマは皆さんにとっても興味深いようで
す。テーマを考えること自体は悪いことではありません。寧ろ、重要なこと
です。ですが言葉や物語の形式に注意を払う人はあまり多くありません。し
かし文学において内容と形式は不可分な関係にあります。ですので、この章
では言葉と作品の構造、もう少し具体的にいうと、文学の作品の「語り」に
焦点を当てて、文学を研究する方法を学んでいきましょう。もちろん、英語
英文学科ですので英語にも注目していきます。

2.　小説の語りとは？

　とは言ったものの、最初から英語で書かれた作品を分析するのはかなり大
変かもしれません。そこで、まずは日本文学の作品を題材にして、文学作品
を読む練習をしてみましょう。下に引用する2つの日本文学作品の冒頭の1
節を読んでみてください。

　(1)　吾輩は猫である。名前はまだ無い。
　　　どこで生れたか頓と見当がつかぬ。何でも薄暗いじめじめした所で
　　ニャーニャー泣いて居た事丈は記憶して居る。吾輩はこゝで始めて人間
　　といふものを見た。然もあとで聞くとそれは書生といふ人間中で一番獰
　　悪な種族であつたさうだ。此書生といふのは時々我々を捕へて煮て食ふ
　　といふ話である。
　　　　　　　　　　　　　　　　　　　　　　　　　　　　（夏目 1993: 3）

(2)　或る日の暮方の事である。一人の下人が、羅生門の下で雨やみを待つてゐた。

　廣い門の下には、この男の外に誰もゐない。唯、所々丹塗の剥げた、大きな圓柱に、蟋蟀が一匹とまつてゐる。羅生門が、朱雀大路にある以上は、この男の外にも、雨やみをする市女笠や揉烏帽子が、もう二三人はありさうなものである。それが、この男の外には誰もゐない。

（芥川 1977: 127）

　上は夏目漱石の『吾輩は猫である』、下は芥川龍之介の『羅生門』です。皆さんも国語の授業などで、これらの作品の名前は聞いたことがあるのではないかと思います。今回はこれまでとは少し異なった観点から作品を読んでみましょう。

　上に挙げた 2 つの作品は語りの構造に大きな違いがあります。まず『吾輩は猫である』を見てみましょう。物語を語っているのは作品内のキャラクターである猫です。『吾輩は猫である』という作品は、猫という視点から物語が語られていることが鍵になっています。人間の日常が猫という視点から語られることで、これまでとは変わって見えてくるわけです。このような、作品のキャラクターが物語を語るような形式を「一人称の語り」と呼びます。

　では『羅生門』はどうでしょうか。どうやら『吾輩は猫である』とは違っているようです。「廣い門の下には、この男の外に誰もゐない」と始まっていますが、こちらは作品の登場人物ではなく、不特定の誰かが語っているような印象を受けます。このような語りは「三人称の語り」、あるいは「全知の語り」と呼ばれています。例えば、昔話の『桃太郎』なんかも三人称の語りだと考えてよいでしょう。「昔々あるところに、おじいさんとおばあさんがいました」と語っているのは、物語の登場人物ではないですよね。

　一人称の語りと三人称の語りにはそれぞれ特徴があります。概して、一人称の語りは主観的、三人称の語りは客観的に物語を語ります（ただし、主観性を帯びた三人称の語りの作品も存在します）。先ほども書いた通り、『吾輩

は猫である』が面白いのは、猫が主観的に語っていることで人間という存在が違った角度から見えてくる点にあります。『羅生門』では、三人称の語り手が語ることで客観的に物語が提示されます。結果的に、読者はある程度公平な距離感をもって物語を読めるわけです。

　文学作品を読む上で、語りの構造に注目することは大変重要です。読者は語り手という媒介を通して作品を読むことが前提とされます。語りの性質を考えることは、自分がこれから読む物語がどのように提示されているのかを知ることに繋がります。例えば、一人称の語り手が採用されている作品を読むとします。その語り手が意地悪な人だったら、物語をちゃんと語ってくれないかもしれませんよね。あるいは、とても几帳面な語り手だとしたらどうでしょうか。必要以上に色々な情報を読者に与えてくるかもしれません。文学作品を読むときに、物語の内容と同時に、語り手の性質、つまり作品の構造に気を配ってみると、これまでとは違った物語世界が見えてくるのです。

3.　語り手に耳を傾けよう

　文学作品の語りの構造について学びました。ここからはその知識を使って、英語で書かれた作品の語りの構造を分析してみましょう。題材はアメリカ人作家ウィリアム・フォークナーが書いた『響きと怒り』という作品です。では、下の文を、語りの構造に注目して読んでみましょう。

　　Through the fence, between the curling flower spaces, I could see them hitting. They were coming toward where the flag was and I went along the fence. Luster was hunting in the grass by the flower tree. They took the flag out, and they were hitting. Then they put the flag back and they went to the table, and he hit and the other hit. Then they went on, and I went along the fence. Luster came away from the flower tree and we went along the fence and they stopped and we stopped and I looked through the fence while Luster was hunting in the grass. 　　　　　　　　　　（Faulkner 1990: 3）

先ほど学んだ語りの知識を活用し、作品を考察してみましょう。冒頭に
"Through the fence, between the curling flower spaces, I could see them hitting"
とあることから、一人称の語りであることがわかります。

　語り手はどんな人でしょうか。使われている英語に注目したいと思いま
す。慣れていない人には少し長い文章だったかもしれません。ですが、不思
議と内容を理解することはできたのではないでしょうか。完全に、とは言わ
ないまでも、何となく書かれている内容は読み取れるのではないかと思いま
す。なぜか。それは使われている単語のレベルが平易だからでしょう。再度
読んでみると、ほとんどが中学校や高校で学ぶ英単語であることがわかりま
す。

　ここで英語のレベルと語り手の性質について考えてみましょう。皆さんは
どのような語り手だと思いますか。ポイントは簡単な英単語ばかり使う人物
ということです。例えば、子どもの可能性もありますね。あるいは大人で
あっても充分な教育を受けていない人という設定もあり得そうです。実は、
この語り手は知的な障がいを抱えた人物だと考えられています。作者フォー
クナーは使用する英語の難易度を下げることで、語り手の人物像を表現して
いるのです。

　続いて、第 2 章の冒頭も読んでみましょう。

When the shadow of the sash appeared on the curtains it was between
seven and eight oclock and then I was in time again, hearing the watch. It
was Grandfather's and when Father gave it to me he said I give you the
mausoleum of all hope and desire; it's rather excruciating-ly apt that you will
use it to gain the reducto absurdum of all human experience which can fit
your individual needs no better than it fitted his or his father's. I give it to
you not that you may remember time, but that you might forget it now and
then for a moment and not spend all your breath trying to conquer it.
Because no battle is ever won he said. They are not even fought. The field
only reveals to man his own folly and despair, and victory is an illusion of

philosophers and fools. （Faulkner 1990: 76）

先ほどと同じく、"I was in time again, hearing the watch" という箇所から一人称の語り手が語っていることはもうおわかりでしょう。

　しかし第 1 章と決定的に違うことがあります。英語が難しいことです。単語のレベルが高いことはもちろんですが、構文も複雑なものが使われていることがわかります。この違いは何によって生じているか。簡単です。語っている人物が変わっているのです。

　語り手は変わっているのですが、細かく分析してみると 2 つの語りには共通点もあるようです。例えば、いずれも "between" という前置詞が使われていることには気づきましたか。また 1 行目に "ing" が用いられている点も同じです。これらの共通点には、語り手が同じ人物だと錯覚させる効果があるのかもしれません。最初に第 2 章を読むときには語り手が変わっているかはわかりませんので、同じようなフレーズが反復されると、同じ人が語っていると錯覚してしまう。しかしページを戻り、第 1 章と見比べると、やはり英語の文体が大きくことなっているので、「あ、もしかすると違う人物なのかな」と思わせるわけです。作者は多種多様な仕掛けを作品に施しています。作品の構造や使われている言葉に注するだけでも面白い発見があるのです。

4.　まだまだ語り手に耳を傾けよう

　せっかく『響きと怒り』の第 1 章と第 2 章を読んできましたので、第 3 章、第 4 章の冒頭も見てみましょう。では第 3 章です。

Once a bitch always a bitch, what I say. I says you're lucky if her playing out of school is all that worries you. I says she ought to be down there in that kitchen right now, instead of up there in her room, gobbing paint on her face and waiting for six niggers that cant even stand up out of a chair unless

they've got a pan full of bread and meat to balance them, to fix breakfast for
her. And Mother says, (Faulkner 1990: 180)

　第 1 章、第 2 章と同様に、一人称の語り手が語っていることがわかります。
ただ第 2 章とは異なり、使っている単語の難易度はそこまで高くないよう
です。

　面白いのは、"I says you're lucky if her playing out of school is all that worries
you" という箇所です。通常、一人称の "I" の現在形には、いわゆる三単現
（三人称単数の現在形）の s はつけませんよね。本来は "I say" とされるべき
ところです。決して作者が文法を間違えたわけではありません。文学作品で
はこういった表現がしばしば見受けられます。例えば、教育を受けられな
かった人の言葉や方言などを表現する際に、非文法的な英文が使われること
があります。重要なのは、第 1 章や第 2 章の語り手には、このような一般
的には間違っているとされる英文が使われていないという点です。この理
由、皆さんはもうわかりますよね。そうです。第 3 章で、また新しい語り
手が登場しているということです。

　この語り手の言葉使いを少しだけ確認しておきましょう。ここでは、語り
手が "ought to" という言葉を使っている点に注目します。皆さんは "ought
to" の類義語が "should" だと聞いたことがあるかもしれませんが、これらは
違う使われ方をする場合もあります。"ought to" の方は客観的な基準、例え
ば法律や規則などによって義務とされる場合に使われることがあります。一
方の "should" は主観的な見解が含意されていることがあります。つまり、
この語り手は "ought to" という言葉を使うことで、「自分は客観的な判断を
下しているのだ」という意思を表現している可能性もあります。

　さて、続いて 4 章の冒頭部分を読んでみましょう。

　The day dawned bleak and chill, a moving wall of gray light out of the
northeast which, instead of dissolving into moisture, seemed to disintegrate
into minute and venomous particles, like dust that, when Dilsey opened the

door of the cabin and emerged, needled laterally into her flesh, precipitating
not so much a moisture as a substance partaking of the quality of thin, not
quite congealed oil. She wore a stiff black straw hat perched upon her turban,
and a maroon velvet cape with a border of mangy and anonymous fur above
a dress of purple silk, and she stood in the door for a while with her myriad
and sunken face lifted to the weather, and one gaunt hand flac-soled as the
belly of a fish, then she moved the cape aside and examined the bosom of
her gown.　　　　　　　　　　　　　　　　　　　　　（Faulkner 1990: 265）

　これまでの章と比較してみましょう。第 1 章、第 2 章、第 3 章はいずれも
作品の登場人物が語る一人称の語りが使われていましたね。しかし、今回は
これまであった "I" という主語がありません。
　もう少し細かく読んでみましょう。最初の 1 文に注目してください。と
言われて、どこからどこまでが 1 文かわかりましたか。実は、"The" から 6
行目の "oil" までで 1 つの文なんです。合計で 67 語使われています。さら
に、この文では、これまで読んできた章に比較すると、複雑な文が用いられ
ていることがわかります。先ほどの第 3 章の語り手が語っている英語と比
較すると、違いは明らかですね。通常、このようなしゃべり方はしないで
しょう。ちょっと堅苦しいような印象があります。皆さんも今回の箇所は読
み難かったのではないでしょうか。第 1 章から第 3 章の一人称の語り手に
も難しい箇所はありますが、ここまでではなかったように思います。この違
いは何によって起きているのか。実は第 4 章は三人称の語り手が物語を語っ
ているのです。
　このように『響きと怒り』という作品は非常に複雑な構造を有した作品で
あると言えます。第 1 章から第 3 章までは主観性が強い一人称の語りを配
置し、特定の人物から物語を提示する。しかし最後は三人称の語り手で幕を
閉じています。『羅生門』について言及したときに説明したように、三人称
の語り手は一定の客観性をもって物語を語ります。つまり、作者は 1 つの
物語を色々な角度から語っているというわけです。もう少し格好のいい言い

方をすれば、主観性と客観性が混ざったような形で物語が読者に提示されていると言っていいかもしれません。こんな言い方をすると、何となく研究している感じがでますね。

　さて、作者フォークナーがなぜこのような語りの構造を採用したのか。その理由は実際に作品を読んで、皆さんが自由に考えてみてください。文学研究の大きな魅力は、自由さにあると思います。入試問題のように正答を求めるのではなく、より興味深く作品を読めるような解釈を見つけ出すことが文学研究の醍醐味です。そのためには考察する方法が必要ですので、この章では文学研究の考察方法の 1 つを紹介しました。

5.　文学で壊せ、固定概念

　余談ですが、最近、私たちは日常生活の中で 1 つのものに執着する癖があるように思います。Twitter や Instagram で知った情報を簡単に信用してしまうことがよくあるようです。テレビのニュースも、何となくネットのものよりは信憑性があると思い込み、無条件に信じてしまう。結果的にフェイクニュースが拡散するという事態を、よく耳にするようになりました。複数の観点からものを見るということがあまり重視されなくなったのでしょうか。

　1 つのものに固執するのは、私たちがこれまで受けていた教育に起因しているのかもしれません。私たちはこれまで試験で正解することを求められてきました。試験において、正解は 1 つしかありません。しかし、生きていると正解がない問題に直面します。寧ろ、正解がない問題の方が多いように感じます。恐らく、これから皆さんが生きていく社会では、物事を複眼的に見る力が必要になるでしょう。大学では、正解を得る力ではなく、思考力に磨きをかけることが重要だと感じています。文学という正解のない学問は、そのような知的能力を育むためにぴったりの題材です。

　これまでの自分の固定概念を壊すことが、新しい価値観や考えを吸収するための第一歩です。物語でもその練習は充分にできます。例えば昔話『桃太

郎』が三人称の語り手ではなく、桃太郎が一人称で語るとすると少し違って見えてくるかもしれません。犬、雉、猿も同様です。『吾輩は猫である』で猫が語っているのですから、彼らが語り手を務めてもいいのではないかと思います。あるいは鬼が語るヴァージョンがあったとすれば、どのような話になるでしょうか。もしかすると、鬼には鬼の言い分があるのかもしれませんね。妄想かもしれません。しかし、新しい発見は誰も考えないこと、言ってみれば妄想に近いものから始まるのではないでしょうか。文学はそのような妄想を許してくれる学問だと私は思います。是非大学で文学にふれてみてください。

参考文献
Faulkner, William (1990) *The Sound and the Fury.* (1929) New York: Vintage. (平石貴樹・新納卓也 (訳) (2007)『響きと怒り』岩波書店)
芥川龍之介 (1977)『羅生門』(1915) 吉田精一・中村真一郎・芥川比呂志 (編)『芥川龍之介全集 第 1 巻』pp. 127–136. 岩波書店.
夏目漱石 (1993)『吾輩は猫である』(1906)『漱石全集第一巻』pp. 3–538. 岩波書店.

私が薦める 2 冊
北村紗衣 (**2021**)『批評の教室―チョウのように読み、ハチのように書く』ちくま新書.
　研究とはどのような営みなのか、丁寧かつ明瞭に教えてくれる書籍です。本書で挙げられている「精読」、「分析」、「書く」という 3 つのステップは、大学だけでなく、社会にでてから文章を作る際にも役立つ知識です。学生時代に読んでおきましょう。
廣野由美子 (**2005**)『批評理論入門―『フランケンシュタイン』解剖講義』中央公論新社.
　文学研究は作品に対する好き嫌いや感想を述べることではありません。研究というくらいですから、分析する必要があります。本書では、有名な『フランケンシュタイン』という作品を題材に、文学作品を分析する方法を紹介しています。同じ作品なのに、分析方法によって見え方が一変します。奥が深い文学研究の世界を是非体験してみてください。

| 第9章 | 英語の「形容詞＋名詞」表現を研究する |

石田崇

　この章では、「言語を研究する」ということを実践してみます。言語研究では、文法的か非文法的かという最小対の例を集めて、母語話者の頭の中にある無意識の文法規則を明らかにすることを目指します（研究上の慣習として、その言語の文法規則などに従っていない言語表現には"＊"を付けて表します）。また、ここでの文法とは、中学校や高校で学ぶ学習文法とは異なり、「人間が生まれながらに備えている言語の規則に関する知識」を指します。

　早速ですが、(1)の下線部はそれぞれどういう意味になるでしょうか。

(1)　a.　This is <u>a grammatical sentence</u>.
　　　b.　She is <u>a grammatical genius</u>.

（Plag 2003: 94; 下線は筆者）

(1a)は「文法的な文」という意味ですね。(1b)はどうでしょう。「文法的な天才」？　言いたいことはわかりますが、なんだか不自然に聞こえます。では、(1b)の <i>grammatical</i> は一体どのような日本語にすると自然になるでしょうか。あるいは、なぜ(1b)の <i>grammatical</i> は「文法的」と訳すと変になるのでしょうか。皆さんの中には、英語の形容詞なんて「美し<u>い</u>」のような〈イ形容詞〉や「穏やか<u>な</u>」のような〈ナ形容詞〉、あるいは「文法<u>的</u>」のような「〜的」のどれかで訳しとけばなんとかなる！と思っている人もいるかもしれません。文のような大きな単位ではなくても、(1)の下線部のような

〈名詞句〉（noun phrase）と呼ばれる比較的小さな単位も意外と複雑なのです。本章を通して英語の「形容詞＋名詞」表現を日本語と比較しながら研究してみましょう。そうすれば、英語を理解するためには皆さんの日本語（母語）の力が重要になってくるということにきっと気づいてもらえるはずです。

1. "an old friend" には 2 つの解釈がある？

では、まず、(2) の *an old friend* という表現を考えてみましょう。これは (2a) と (2b) のどちらの言語表現と対応しているでしょうか。

(2) an old friend
   a. a friend from the old days
   b. a friend who is old/aged

正解は両方です[1]。ということは、(2) のような英語の名詞句は解釈が 2 通りあると理解しておく必要があります。一方で、日本語にすると、(2a) は「古くからの友人 / 旧友」であり、(2b) は「年老いた友人」ですので、それぞれの解釈に対応して 1 つの形式を持ちます。(2) の英語を逐語訳した「古い友人」も (2a) の解釈しか持ちません。つまり、英語の名詞句は 2 通りの解釈を持つため曖昧であるといえますが、日本語はそうではないといえそうです。

ただし、英語はこのような曖昧さを解消する方法を持っています。それは、(2b) のような形容詞の〈叙述用法〉（predicative use；形容詞が *be* 動詞の後ろ（補部）などに現れて文の述部となる用法）で、これは「年老いた友人」の解釈しか持たないため、(2a) の言語表現を *a friend who is old* と言い換えることはできません。したがって、「年老いた友人」をはじめから明示したい場合は、(2b) のような叙述用法にできる関係節にするか、単純に *My friend is old.* と言えばいいわけです。次の (3) も類例として挙げておきますので、2 通りの解釈はどうなるか、関係節にできるかどうかについて、辞書も駆使し

ながら考えてみてください。

(3)　a.　a beautiful dancer
　　　b.　an old book
　　　c.　a fast typist

　では次に、今みた *old* と (1) でみた *grammatical* を〈名詞修飾〉(noun modification)という観点で比較してみましょう。

2.　名詞に「近い」形容詞と名詞から「遠い」形容詞

　ここでは、英語の「形容詞＋名詞」表現について、英語母語話者の頭の中の仕組みを 2 つの異なる視点で考えてみます。まず 2.1 節では、〈統語論〉(Syntax)と呼ばれる分野の視点で、どのように語や句が配列されて文法関係が生み出されているかを考えます。次の 2.2 節では、〈形態論〉(Morphology)と呼ばれる分野の視点で、語(word)という単位がどのような構造をしているか、語がどのようにして作られるのかを考えます。

2.1　「距離」としての近さと遠さ：統語論 (Syntax)
　1 節では、*an old friend* が表す「年老いた友人」という解釈は、*a friend who is old* という叙述用法であれば唯一的に決まると学びました。統語論では、これを踏まえ *an old friend* という名詞句は、次の (4a) から (4d) の流れに従って〈派生〉(derivation；新しい形式を作ること)していると想定します。

(4)　a.　a friend who is old　　　　［叙述用法］
　　　b.　a friend ~~who is~~ old
　　　c.　a friend old
　　　d.　an old friend　　　　　　［限定用法］

詳しい説明は省略しますが、たしかに語順に変化がみられます。つまり、「年老いた友人」の解釈を生む *old* は、(4a) の叙述用法のように、元々の位置が修飾する名詞の *friend* に対して、関係詞の *who* や be 動詞の *is* のような他の要素を挟んで「遠い」位置にあったと仮定します。一方で、「古くからの友人」の解釈を生む *old* は、(4) 全体が示すような派生プロセスではなく、(4d) の〈限定用法〉(attributive use) のように、元々の位置が *friend* に「近い」位置にあると仮定します。専門的には、(4a–d) のような派生をたどる修飾を〈間接修飾〉(indirect modification) と呼び、(4d) だけのような派生をたどらない修飾を〈直接修飾〉(direct modification) と呼びます。このようにみていくと、*an old friend* は、表面的な形式としては *old* が *friend* を修飾しているという点で変わりませんが、実際の解釈が 2 通りあることを踏まえると、その修飾の〈構造〉(structure) に大きな違いがあると想定できます。

　以上のことを踏まえると、(1) でみた *grammatical* も同じように考えることができるようになります。つまり、*grammatical* にも修飾する名詞に対して距離が「近い」ものと「遠い」ものの 2 種類があるということです。まず、(1a) の *a grammatical sentence* は (5a) のように叙述用法にすることができ、(5a) から (5d) への派生を想定することができるため、(1a) の *grammatical* は *sentence* を間接修飾していると考えられます。

(5)　a.　a sentence which is grammatical　　　　　　　［叙述用法］
　　　b.　a sentence ~~which is~~ grammatical
　　　c.　a sentence grammatical
　　　d.　a grammatical sentence　　　　　　　　　　　　［限定用法］

一方で、(1b) の *a grammatical genius* は **a genius who is grammatical* とは言い換えられないため、叙述用法にすることができません。したがって、(1b) の *grammatical* は *genius* を直接修飾していると考えられます。

　以上、*old* と *grammatical* はどちらも修飾対象である名詞に対して近い位置で修飾する場合（直接修飾）と、遠い位置で修飾する場合（間接修飾）の 2 つ

のパタンを持っていることがわかりました。このことは *a very old old friend* や *a not so grammatical grammatical statement* のような表現が実際に可能であることからも明らかになってきます[2]。これらがどのような意味を表しているか、(6) の類例と一緒に考えてみてください。

(6)　a.　a not very *Christian Christian* priest

　　b.　the lady novelist's far from *historical historical* romances

　　c.　a highly *professional professional* writer

(Farsi 1968: 56; cf. Nagano 2018: 186)

　では今度は、*old* と *grammatical* という形容詞がそれぞれどのような性質や特徴を持っているか、形態論と呼ばれる分野の観点で比較してみましょう。

2.2　「形態」としての近さと遠さ：形態論（Morphology）

　たしかに、*old* と *grammatical* は互いに異なる形態をした形容詞であるようにみえます。では一体どのように異なるのか、一緒に考えていきましょう。

　はじめに、*grammatical* の形態的特徴から確認していきます。この形容詞は、名詞の *grammar* を〈基体〉(base) として、*-ic* と *-al*（あるいはまとめて *-ical*）という〈形容詞化接尾辞〉(adjectival suffix) を付加して作られ、〈名詞由来形容詞〉(denominal adjective) と呼ばれます。ここで注目したいのは、その名の通り「元々名詞である」という点です。言い換えると、*grammatical* は *old* のような純粋な（生まれたときから）形容詞、つまり「形容詞らしい形容詞」とは違って、〈関係形容詞〉(relational adjective) と呼ばれる「名詞としての性質を持つ形容詞」として派生した（新たに作られた）のです。関係形容詞は形容詞ではあるものの、その基体である名詞と同じ文法上のふるまいをみせることが知られています。(7) は関係形容詞の名詞と類似した特性のうち 3 つだけを抜粋しています（他の特性については長野 (2015) を参照）。

(7)　a.　名詞修飾用法が基本であり、叙述用法を許さない。

* *this output is industrial.* * *this decision is senatorial.*

 b. 主要部名詞のすぐ前の特定位置に生起せねばならない。

  * *wooden big table* vs. *big wooden table*

 c. 意味解釈上、基体名詞を主要部名詞に関連づける。それにより主要
  部名詞を分類する。

 i. *senatorial election* 'election of a senator'

 ii. *senatorial plane* 'plane of a senator'

（長野 2015: 3 より抜粋 ; 下線は筆者）

(1b) の *grammatical* はこれらの特徴を示しますが、*old* は示しません。まず、(7a) は 2.1 節の (5) の下で説明した通りです。次の (7b) は (6) と同じ趣旨で、関係形容詞は修飾対象である名詞の最も近くに置かれて「直接修飾をする専門家」であることを示しています。最後の (7c) は次の 3 節でみます。

　以上、*grammatical* と *old* という形容詞の形態を比較していくと、名詞由来であることや名詞と類似した特性を示す *grammatical* は、形態的に名詞に「近い」形容詞であるとみなせますが、(7) の特性をみせない純粋な形容詞である *old* は、形態的に名詞から「遠い」形容詞であるとみなせます。

　さて、(1a) の *grammatical* の秘密がまだ残っています。こちらの *grammatical* は間接修飾をし、(7) の特性も示さないため、関係形容詞ではありません。では一体どのような形容詞なのでしょうか。考えられるのは、(1a) の *grammatical* は、元々持っていた「名詞としての性質」を、*old* のような「形容詞らしい性質」へと形を変えないままその中身だけを変化させたということです。そうすれば、英語には、関係形容詞としての *grammatical* と *old* のような純粋な形容詞としての *grammatical* という互いに異なる 2 種類の *grammatical* が存在していると考えられるようになります。これで、*grammatical* の秘密は統語論と形態論の視点から明らかになりました。

3. 「〜的」はだめ？　ではどういう日本語にすべき？

　最後に、本題である (1b) の *a grammatical genius* に対する「文法的な天才」という不自然な日本語の謎を考えていきましょう。

　はじめに、「的」は元々中国語から〈借用〉(borrowing) した要素なのですが、現代日本語における「〜的」は、英語の関係形容詞のように名詞としての性質を表す用法ではなく、*old* のような形容詞らしい形容詞の意味を与える要素としての用法（「〜らしい」「〜っぽい」「〜ちっく」などと同様）が基本となりました。したがって、(1a) は「〜的」を用いて「文法的な文」と訳すことはできますが、(1b) を同じように「〜的」を用いて訳すことはできないのです（「*文法的な天才」）。類例として *Japanese* のような出所やスタイルを表す関係形容詞も以下でみてみましょう。

(8)　a.　the Japanese attack on Pearl Harbor
　　　b.　Japanese democratization after World War II
(9)　a.　*日本的（な）真珠湾攻撃
　　　b.　*第二次世界大戦後の日本的（な）民主化

（Nagano 2016: 48; 下線は筆者）

(8) の *Japanese* によるそれぞれの修飾表現を (9) のように「〜的」を用いて表すと極めて不自然な日本語になりますし、意図した解釈も得られません。ではどうすれば良いでしょうか。Nagano (2016) は、英語の関係形容詞に対応する日本語は、まず、(10) のように「〜の」であると説明しています。

(10) a.　日本の真珠湾攻撃
　　　b.　第二次世界大戦後の日本の民主化

（Nagano 2016: 48; 下線は筆者）

つまり、日本語の「〜の」は、2.2 節で残しておいた (7c) の英語の関係形容

詞が持つ分類機能に対応するのです。したがって、「文法的な天才」という表現に対する違和感は、「文法の天才」とすることで払拭できます。日本語はさらに、英語とは異なり、「〜の」という要素に〈分類詞〉(classifier)と呼ばれる要素を付加した(11)の右側の下線部のように表すこともできます。

(11) a.　wheaten bread;　　　　　　小麦のパン / 小麦製のパン

　　 b.　Chinese vase;　　　　　　　中国の花瓶 / 中国製の花瓶

　　 c.　triangular room;　　　　　　三角の部屋 / 三角形の部屋

　　 d.　striped jacket;　　　　　　　縞の上着 / 縞柄の上着

　　 e.　European economy;　　　　ヨーロッパの経済 / ヨーロッパ{型 / 流} の経済

　　 f.　rainy season;　　　　　　　雨の季節 / 雨がちの季節

　　 g.　Slavic language;　　　　　　スラブの言語 / スラブ系の言語

　　 h.　marine life;　　　　　　　　海の生物 / 海中の生物

　　 i.　nocturnal visit;　　　　　　夜の訪問 / 夜間の訪問

　　 j.　morphological problem;　　形態(論)の問題 / 形態(論)上の問題

　　 k.　vice-presidential term;　　 副大統領の任期 / 副大統領としての任期

(Nagano 2016: 52–54)

分類詞を用いれば「〜の」だけよりも分類の意味がさらに鮮明になりますね。

　加えて、英語の関係形容詞を初めて体系的に研究した Judith N. Levi という偉大な言語学者による指摘からも多くのヒントが得られますので少しみてみます。Levi (1978) は、「名詞＋名詞」表現(例：*grammar rules*)と対応する「関係形容詞＋名詞」表現(例：*grammatical rules*)は完全に〈同義〉(synonymous)であると仮定し、両表現の意味はともに下の(12)の表の「述語タイプ」の列に挙げたような9つの〈述語〉(predicate)を介して意味が得られると指摘しました。Levi (1978) は古い文献ですが、今でも多くの学者に引用され続ける、多くの示唆に富んだ「宝箱」のような研究書です。

(12) 9 つの述語タイプと具体例

述語タイプ	「名詞＋名詞」表現	「関係形容詞＋名詞」表現
cause（原因）：〜を／〜が引き起こす	tear gas disease germ	traumatic event viral infection
have（所有）：〜を備えた／〜がある	picture book apple cake	industrial area feminine intuition
make（構成）：〜を／〜が作る	honeybee silkworm	musical clock molecular chains
use（手段）：〜を使った、〜による	voice vote steam iron	manual labor solar generator
be（同格）：〜である、〜としての	soldier ant target structure	professional friends consonantal segment
in（場所・時空間）：〜にある、〜における	field mouse morning prayers	autumnal rains logical fallacy
for（目的・受益）：〜用の、〜のための	horse doctor arms budget	avian sanctuary aldermanic salaries
from（起点・起源：〜由来の、〜出身の	olive oil apple seed	rural visitors solar energy
about（主題）：〜に関する、〜についての	tax law price war	criminal policy linguistic lecture

（Levi 1978: 76–106 より抜粋；日本語の意味は筆者）

(12) の表中に 9 つの述語タイプに対応すると思われる日本語訳を与えていますので参考にしてください。例えば、*viral infection* は「ウイルスの感染」と表しても良いですし、cause という述語タイプの欄にあるので「ウイルスが引き起こす感染」や「ウイルスによる感染」と表すとさらに意味関係がはっきりします。ウイルスは普通、感染を引き起こす主体でありその逆（感染がウイルスを引き起こす）ではないので、この点でも cause という述語の意味関係を表すのは大切です。他に、*professional friends* は「プロの友達」と表すか、be という述語を踏まえれば「プロである友達」とも表せます。また、*horse doctor* は「馬の医者」とするか、for という述語を介した「馬用の医者」や「馬専門の医者」とも表せます。本章で問題となった *a grammatical*

genius の意味も「文法の天才」とするか、about を介して「文法に関する天才」とすると良いですね。あるいは、文脈によっては *grammar* の意味をもう少し広く捉えて「ことばの言い回しの天才」としても良いかもしれません。注意してほしいのは、「〜の」という表現は簡単で便利なのですが、基本的には要素同士を関係づける役割しか担わないので、「〜の」だけだと意味がよくわからない場合があるという点です。そのような時にこそ、上でみた (11) や (12) のような偉大な言語学者たちによる指摘をヒントにしながら日本語にしていきましょう。そうすれば、英語ではみえにくい形容詞と名詞の間の意味関係がよりはっきりとみえてきます。

4.　他者（英語）を知るためには自己（日本語）を知るべし！

　本章では、英語の「形容詞＋名詞」表現を研究するということを実践しながら、形容詞の特性や日本語で表す際の注意点を学びました。英語の「形容詞＋名詞」表現は、比較的小さい単位ですが意外と複雑です。なぜなら、英語は「形容詞と名詞を組み合わせ、後は文脈を考慮して解釈せよ！」といった具合に、聞き手にとっては少し不親切で曖昧な性格を持つ言語だからです。一方で、日本語では、(11) のような分類詞や (12) のような述語を用いることで、形容詞と名詞との間の意味関係をはっきりと表すことができます。

　英語と日本語のこのような違いは、実は他の現象でもかなり多くみられます。英語に多義語が多いという事実もそのうちの１つでしょう。例えば、（法）助動詞の *must* には、「強い義務」（「〜しなければならない」）の他に「必然」（「〜にちがいない」）を表す用法がありますが、さらに、(13) のような「強い勧め」（「ぜひ」）を表すのに *must* が用いられる場合があることをご存じでしょうか[3]。(14) の日本語訳は、(13) のそれぞれに対応しています。

(13) a.　You <u>must</u> visit Kyoto when you come to Japan.

　　 b.　You <u>must</u> have some of this cake.

(14) a.　日本に来たら京都には<u>ぜひ</u>行ってね。

　　 b.　このケーキを<u>ぜひ</u>食べてみてね。

（和田 2018: 29）

　この用法は、普通「強い義務」を表す *must* が「『相手にとって良いことだから義務として勧める』場面で用いられると、何かを強いるのではなく、むしろ丁寧な表現となる」と説明されています（和田 2018: 29）。このように、*must* が表すさまざまな意味は、英語では文脈から読み込んで解釈するしかありませんが、日本語では言語的に合図されるため、形式の違いから各用法と意味を明確に判別し、理解することができます（cf. 廣瀬ほか 2017）。

　以上のことを踏まえると、英語表現が表す意味を正しく理解するためには、適切で自然な日本語にする力が必要になってきます。つまり、外国語を理解するためには、自分の母語を大切にし、何よりもまずその力を伸ばすことが一番の近道なのです。英語（外国語）の力は、皆さんが思っている以上に日本語（母語）の力に比例します。英語の感覚を英語のまま理解するといったような無謀な挑戦からは少し距離を置いて、皆さんの強みである日本語（母語）の力を意識的に伸ばしてください。自己（母語）の理解を深めるということは、他者（外国語）の理解を深めるということにも通じるのです。

注

*　本稿の草稿段階で多くの貴重なコメントをくださった長野明子先生と納谷亮平氏、2名の匿名査読者に感謝申し上げます。また、George Thomas Rogers 氏には、本稿で挙げている英語例文について筆者の質問に答えていただき、有益な示唆をいただきました。ここに記して謝意を表します。本稿の不備はすべて筆者の責任です。本稿の内容は JSPS 科研費 JP21K20031 および JP23K12202 の助成を受けています。

1　一方で、*an old movie* や *an old house* のような表現では 'one that I have had for a long time' といった解釈は得られません（Pustejovsky 1995: 131）。一体なぜでしょうか？

2　音声面でも違いがみられます。例えば、*She is a beaútiful beautiful dancer.* では、普通、*dancer* から遠い *beaútiful* の方が強く読まれます（Cinque 2010: 57）。

3　さらに、*I must ask you a couple of questions.*「ぜひいくつかの質問をさせてもらいたい」のように「強い願望」や、*If you must insist, I'll compromise.*「君がどうしてもと言うなら、僕は妥協しよう」のように「固執」を表す用法もあります（佐藤・田中 2009: 147）。

参考文献

Cinque, Guglielmo（2010）*The Syntax of Adjectives: A Comparative Study*. Cambridge, MA: MIT Press.

Farsi, Ali Abdulla（1968）Classification of Adjectives. *Language Learning* 18: 45–60.

Levi, Judith N.（1978）*The Syntax and Semantics of Complex Nominals*. London: Academic Press.

Nagano, Akiko（2016）Are Relational Adjectives Possible Cross-Linguistically? The Case of Japanese. *Word Structure* 9（1）: 42–71.

Nagano, Akiko（2018）A Conversion Analysis of So-Called Coercion from Relational to Qualitative Adjectives in English. *Word Structure* 11（2）: 185–210.

Plag, Ingo（2003）*Word-Formation in English*. Cambridge: Cambridge University Press.

Pustejovsky, James（1995）*The Generative Lexicon*. Cambridge, MA: MIT Press.

佐藤芳明・田中茂範（2009）『レキシカル・グラマーへの招待―新しい教育英文法の可能性』開拓社.

長野明子（2015）「英語の関係形容詞―前置詞句の交替形としての分析」西原哲雄・田中真一（編）『現代の形態論と音声学・音韻論の視点と論点』pp. 2–20. 開拓社.

廣瀬幸生・島田雅晴・和田尚明・金谷優・長野明子（編）（2017）『三層モデルでみえてくる言語の機能としくみ』開拓社.

和田尚明（2018）「新しい学説はどのように外国語教育に貢献するのか―モダリティ・心的態度・間接発話行為の日英の違いを言語使用の三層モデルから説明する」『日本語文法』18（2）: 28–44.

私が薦める 2 冊

今井邦彦（**2011**）『あいまいなのは日本語か、英語か？―日英語発想の違い』ひつじ書房.

　本章を通して垣間みえてきた「英語の方が日本語よりも実は曖昧？」という疑問

は、この本を読めばその真相がわかってきます。日本語は本当に「回りくどい言語」なのでしょうか…。

国立国語研究所編（2021）『日本語の大疑問―眠れなくなるほど面白いことばの世界』幻冬舎.

　「英語を知るためには日本語を知る」ことを実践するのに最適な本です。日本語に関する「言われてみればなんでだろう？」といった数々の疑問に言語学者たちが答えてくれています。

| コラム④ | **AI利用による主体的な英語学習⑴** |

阪上辰也

　インターネット上には、動画やアプリなど、英語学習のためのさまざまなリソースがあります。言い換えれば、前節の内容も含め、インターネットそのものが英語学習における1つのリソースであるともいえるでしょう。また、Web 検索をすると、英語そのものにかかわる情報や英語学習の方法についての情報を大量に手にすることができるようになりました。ここでは、機械学習という技術を利用して開発された生成的人工知能の1つである「ChatGPT」と呼ばれるツールを利用した英語学習方法について紹介します。

生成的人工知能とは何か、何ができるか

　まずは、生成的人工知能について説明します。これは、機械が主に Web 上にある文章・画像・音声などのさまざまなデータを学習し、それらを組み合わせて新たな文章や画像などを作り出すことのできるシステムであり、人工知能の1種です。こうした機能を持つことから、英語では、generative artificial intelligence と表記されます。日本語では、生成〈的〉人工知能、生成〈系〉人工知能、ジェネレーティブ AI、ジェネラティブ AI、などのようにいくつかの表記がなされますが、基本はどれも同じものを指しています。

　続いて、ChatGPT について簡単に説明します。ChatGPT は、2022 年 11 月に、OpenAI というアメリカの企業が公開したチャットボットサービスです。この ChatGPT は、Chat という単語が含まれているように、対話を通じて、さまざまな言語表現を返してくれるサービスです。それまでにも生成的人工知能はいくつも開発されていましたが、私たちのさまざまな活動を支

援するのには不十分な点が多く、この ChatGPT が公開されたときに、そうした不十分な点を解消されたと思えるほどに高性能であったことから、あっという間に世の中に知られる（SNS などで拡散される）ようになりました。

　ちなみに、「GPT」は「<u>G</u>enerative <u>P</u>re-trained <u>T</u>ransformer」というフレーズの頭文字をとったものです。「Transformer」という機械学習の技術を利用して、大量のテキストデータを事前に学習した（＝ Pre-trained）テキスト生成型（Generative）言語モデルです。少し難しくみえるかもしれませんが、あらかじめ言語データを十分に学習したコンピューターが、人間を相手にして、いくらか複雑な言葉のやり取りをできるようにしたサービスと考えてください。

　テキスト生成の例を 1 つ挙げましょう。例えば、「雨が降ってきたので、（　　　　　）」という文の後半を作り出すことができます。「雨が降ってきた」という前半の文の続きを予測し、「傘」という名詞、「を」という助詞、「さした」という動詞を順番に並べ、結果的に、「傘をさした」という文を作り出します。英語で言えば、"It began to rain and ...." の後の文として、"I opened my umbrella." という文を作り出します。確率的に次にどのような単語が来るのかが予測され、計算された結果として文が完成するというわけです。次のコラム⑤では、この機能を利用した英文添削の事例を紹介します。

（追伸：ちなみにこの文章も、最初は ChatGPT に添削してもらいました。その上で、本書の他の著者からコメントをもらい、その内容も踏まえて修正を行なってようやく文章を完成させました。）

V

英語を超えた先にある世界

第10章 「私はキツネです」をどう訳す？

石塚浩之

　通訳とはどのような作業で、何が必要でしょうか。自分が通訳することを考えたことはありますか。日本語から英語への通訳場面を想像してください。あなたなら（1）を伝えるためにどのような英語を使いますか。

（1）　私はキツネです。

　なんのためらいもなく "I am a fox." と言うのがふつうですよね。あなたの前に日本語を話せるキツネがひょっこり現れ、英語話者を相手に自己紹介する場面であれば、これでもよさそうです[1]。しかし、いつでもこれでいいとは限りません。以下の状況であればどうでしょう[2]。

（2）　イギリス留学中の私を訪ねて、日本から後輩が遊びに来た。最近、ロンドンに進出した日本食レストランで一緒にうどんを食べることになった。店員は日本語を話せない。私は英語の苦手な後輩の分も注文してやる必要がある。
　　　「何にする？」私は聞いた。
　　　「私はキツネです」後輩が答えた。

　さて、どうでしょう。「私はキツネです」を伝えるために "I am a fox." という人はいませんよね。通訳には英語と日本語に関する充分な知識と運用能力に加え、案件に関連する分野の専門知識が必要です。しかし、この例はと

ても日常的な場面で、平易な表現しか使われていません。通訳に言語の知識
が重要であることは当然ですが、それだけでは充分ではありません。この章
では、通訳とはどのような作業であるかを考え、さらに通訳記録を観察し同
時通訳者の頭の中ではどんなことが起こっていることを探ってみましょう。

1.　通訳とはどのような作業か

　なぜ「私はキツネです」を "I am a fox." と訳してはいけない場合があるの
でしょうか。改めてこの疑問に向き合うと、通訳は「言葉の置き換え」では
なく「メッセージの伝達」であることに気づくことができます。
　「私はキツネです」を "I am a fox." に置き換えるとは、(3) のような規則で
日本語から英語への変換を実行することです[3]。

(3)　a.　X1 は Y1 です　→　X2 is Y2

　　　b.　$j(X1, Y1) = (私, きつね)$

　　　c.　$e(X2, Y2) = (I, fox)$

　(3a) は日本語の構文を英語に置き換えるルールです。X1、Y1、X2、Y2
はそれぞれの構文における変項で、言語の場合、語彙を指し、そこにはある
語が名詞なのか動詞なのかといった情報なども含まれます。(3b) と (3c) は、
それぞれの構文で使用される日本語と英語の語彙です。この例の場合、変項
に含まれるものは名詞のみなので、比較的単純です。日本語の X1 に対応す
る英語の X2、日本語の Y1 に対応する英語の Y2 を見つけるには辞書さえあ
れば充分です。(3a) のルールに従い、(3b) と (3c) の語彙を挿入すれば、言
語置換は完成します。機械翻訳の開発は 1950 年代から始まりましたが、
ルールベースと呼ばれる仕組みをもつ初期の機械翻訳は、「2 言語の語彙と
文法に関する充分な知識とその対応ルールさえあれば翻訳は可能である」と
いう発想で設計されていました。当時はこのような方式で翻訳が可能である
と信じられていたのです。ルールベースの機械翻訳は 1970 年代後半まで開

発が続きましたが、実用に耐える性能は得られませんでした。その後、何度か画期的な技術革新を経て、今の機械翻訳は、これとは全く異なる仕組みで設計されていますが、言葉から言葉への置換という根本の発想は変わっていません。

　一方、後輩が伝達したいのは(4)の情報です。

(4)　　私(＝後輩)はきつねうどんを食べます。

　これが分かれば、あなたは "Can I have the Kitsune Udon, please?" などと言うはずですね。「きつね」を "Kitsune" というだけなら、結局、訳さなくてもいいのでは、と思う人もいるでしょう。しかし、ここで "fox" と言わないという判断はとても重要です。

　(3)には(4)の情報は含まれていません。しかし、(2)の「日本食レストランでの注文」という状況に置かれたあなたは(4)の情報を理解できますね。いったい(4)はどこから来るのでしょうか。(2)ではうどんを注文するために、メニューの写真等が置かれています。後輩の言葉から「キツネ」が動物ではなく、うどんであることを理解するためには、(1)の言語情報だけではなく、その言葉の使用された現場情報が使われています。また、日本語の「きつね」が「きつねうどん」をさす場合もあるという知識は、あなたの頭の中にある背景知識です。こうした理解の一方、あなたは英語でかかれたメニューを読み、"Kitsune Udon" を見つけます。そして、ようやくあなたは後輩の食事を注文することができるのです。図1はこの理解と訳出のために使用された情報を示しています。

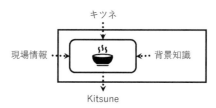

図1.「キツネ」の理解と訳出にかかわる情報

　この図の真ん中にある長方形はあなたの心を示し、その中にある角の取れた長方形は、あなたが後輩の言葉を聞き理解した内容を示しています。点線の矢印は情報の流れです。この図で示したいことは以下の2つです。

　まずは言葉の理解における推論について。人間が言葉を理解する際には、単に言葉の語彙や文法を解読しているわけではなく、言語情報以外の情報を踏まえた推論が必要で、そのために各種の情報が動員されます。図1には、頭の外から入る情報として言語情報と現場情報の2種類が示されています。さらに、頭の中の情報である背景知識も加わり、3種類の情報を総合することで理解内容の推論が実行されるのです。

　2つ目は、通訳のプロセスにおける〈概念〉の性質です。ここではうどんの絵が示されていますが、これは日本語でしょうか、それとも英語でしょうか。例えば、あなたの目の前にうどんがあるとしましょう。当然、そのうどんは言葉ではありません。では、目をつむってみてください。頭の中にうどんを思い描くことができますし、それを口に入れたときの食感や味、喉ごしや温度を想像することもできるでしょう。それがあなたの頭の中のうどんです。それを日本語で表現するとすれば「うどん」ですが、うどんは食べ物であって言語ではありませんし、あなたの頭に浮かんだうどんは日本語でも英語でもありませんよね。また、(4)では日本語で「食べる」と表現しましたが、これは「注文する」「選ぶ」「決めた」「好きだ」などの可能性もあり、実際のところはいずれの言語表現にも固定できないけれども、決して曖昧ではない考えこそが実態に近いかもしれません。ここで、言葉の辞書的な記述を〈意味〉、人間同士のコミュニケーションにおいて伝達される情報を〈概念〉として区別することにしましょう。

　ヨーロッパの大学における通訳教育の黎明期に Seleskovitch（1978/1998）は通訳の本質は脱言語化であるという主張をしました。この主張は初期の通訳研究において議論の出発点としての影響力を持ちました。現在では、通訳研究は多様化しており、様々な研究テーマ、研究手法がありますが、通訳者の頭の中で何が起こっているのかを推定することは、今でも重要な研究の1つです。次に実際の通訳記録を使って、同時通訳者の推論と〈概念〉の実態

をより具体的に探ってみましょう⁴。

2.　〈意味〉と〈概念〉は違う

　ここでご紹介するのは 2011 年 4 月 22 日に日本記者クラブで実施された記者会見における同時通訳で、話者は、来日中のオーストラリアのギラード首相（当時）です⁵。(5) は記者会見のメインスピーチのあとの質疑応答からの引用で、「中国の影響力の高まりについて、日本の総理大臣と話したそうだが、どのような話をしたのか」という質問への回答とその通訳の一部です。

(5)

E 006　　and important　　role　in　　　regional affairs. Australia's perspective　is　that　**we**　　　have a
J 006　　いきなり いかに重要な役割を果たしているか　また域内の事象で重要である話になりました。オーストラリア

E 007　　comprehensive and constructive engagement with China. **Our** relationship　is　　a　　　　positive one.
J 007　　の視点は　　　私共 包括的で建設的なエンゲージメント 関わりと関係を中国と持っております。**中国**

E 008　Obviously from time to time　**we** have **differences** and when we have those differences we put them clearly
J 008　**との関係**も前向きなものです。当然のことながら時には**意見の相違**はあります。　そのように意見の違いが

　この通訳記録は 2 行がセットになっており、各行に番号が振られています。E から始まる行は英語、J から始まる行は日本語です。通訳者は、英語から日本語、日本語から英語の両方向に通訳しますが、この場合、話者が英語なので、E が原発話（話者の話した言葉）で J が訳出（通訳者の話した言葉）です。2 言語表記の縦の位置関係は、原発話と訳出のおおよそのタイミングを表します。例えば、話者が "Australia's"（E006）から始まる文を話しはじめたとき、通訳者は前の文の情報を「域内の事象で」（J006）と訳していたことが示されています。同時通訳者は、話者がある言語で話すのを聞きながら、少し遅れて別の言語に訳します。文が長い場合、文末まで聞かずに文の途中から訳出をはじめます。このように同時通訳記録をデータ化することにより、通訳者が原発話のどの部分を聞いていたときに、どのように話を理解

し、どのように訳出をおこなっていたのかを、詳細に分析することができます。

　ここでは、原発話の下線部の "Our relationship"（E007）が「中国との関係」（J007）と訳され、"differences"（E008）が「意見の相違」（J008）と訳されていることに注目しましょう。この 2 か所では別の種類の推論が働き、それぞれ〈意味〉とは異なるレベルの〈概念〉が構築されています。

　まず、"Our relationship"（E007）の「中国との関係」（J007）への訳出について見てみましょう。our のような指示詞の処理には指示対象の理解が必要で、これは指示付与という課題に含まれます。「代名詞は直前の名詞を指す」と考えている人はいませんか？　もちろん、そういう場合も多いでしょうが、ここでの問題はそれほど単純ではありません。指示詞が何を指すかは言語情報のみにより定まるとは限らず、非言語的な文脈情報を踏まえた推論が必要とされることも少なくありません。この原発話では、英語の 1 人称複数形が 3 回使用されています（E006, E008 の "we" と E007 の "our"）。しかし、それらの指示対象は同じではありません。E006 と E008 の "we" は「発話者を含むオーストラリアの国民」を指すのに対し、"our relationship"（E007）の "our" は「オーストラリアと中国」を指します。"we"（E006）は直前の "Australia"（E006）と考えていいでしょうが "our"（E007）の指示対象にはこの Australia に加え、直前の China が組み込まれています。通訳者がこの指示対象の追加を適切に把握していることは「中国との関係」という訳出に表れています。この理解には、単に Australia と China という 2 つの国名が現れたというだけではなく、relationship という語の〈意味〉が複数の当事者を要求するという性質を持つこともかかわっています。さらに、この訳出に当たっては、もともと "we"（E006）の指していた Australia ではなく、追加された China のみが現れています。

　we や our の〈意味〉は、「話し手を含む複数の人」ということだけで、具体的な情報は含まれていません。図 2 は we や our の〈意味〉と文脈情報からつくられた〈概念〉を示したものです。(a) は "we"（E006）を訳したときの〈概念〉、(b) は "our relationship"（E007）を訳したときの〈概念〉を、そ

れぞれ示します。

図 2. 概念構築の違い

　図中、(b) の China が太線で強調されているのは、この情報が実際に訳出に表れていること、すなわち、通訳者の頭の中での情報の活性度が高い状態、つまり、意識の中にあっていつでも使える状態になっていることを示していると考えてください。つまり、Australia はいずれの場合も把握はされているはずですが、訳出には表れていないので、通訳者には強く意識されていない状態、つまり活性度が低いと見なしています。このような図を示すことで、"we"（E008）を訳す際、"we"（E006）とは異なる〈概念〉が使われることを表せますね。

　では、この訳出から確認できるもう 1 つの推論についてみてみましょう。"differences"（E008）が「意見の相違」と訳出されていますが、「意見」に対応する情報は原発話にはありません。通訳者は、ここで話題となっているdifferences の内容を具体化していることが分かります。ここでは一般的で抽象的な differences が「意見」という特定のカテゴリーの differences に絞り込まれています。この絞り込みは "engagement"（E007）および "relationship"（E007）から国家同士の関りの具体的場面が想起されたことと深くかかわります。図 3 は "differences"（E008）の〈概念〉を示したものです。

図 3. "differences"（E008）における概念構築

　ここでは、difference という語の〈意味〉を基に原発話にない opinion と

いう要素が具体化されることで、言語表現を超えた〈概念〉がつくられています。言葉の理解においては、このようにある語の〈意味〉がもともと持っている情報を広げたり、狭めたりすることで、文脈にあった〈概念〉が獲得されることもあります。これも、言語的には示されていない情報の理解ですから推論の一種です。このような推論を Carston（2002）はアドホック概念の構築と呼びます。

3.　人が言葉を理解するということ

このように、推論という観点から、実際のコミュニケーションにおいて伝達される情報は、言葉の辞書的な〈意味〉を超えた〈概念〉であることが確認できます[6]。(5)の訳出は唯一の正解ではなく、通訳にも個人差があります。しかし、原発話者の伝えたいことを捉えるためには、少なくともここで分析したような〈概念〉の働きは必要でしょうし、そうした理解こそが安定した訳出の土台になるはずです。通訳は「何も足さない、何もひかない」ことが基本とされ、実務でも教育でもそれが規範とされることが一般的です。一方、実際の通訳記録を観察すると、(5)で見たような情報の補充は珍しくありません。当の通訳者自身は、原発話の表現を英語から日本語（あるいはその逆）に忠実に置き換えているつもりでも、詳細に観察すれば、通訳者の〈概念〉の形跡が見つかるものです。通訳の訳出には人が言葉を理解するという営みの本質が刻み込まれています。試しに、上で見た原発話を Google 翻訳にかけてみましょう。

(6)　　オーストラリアの見解は、私たちは中国と包括的かつ建設的に関与しているということです。私たちの関係は前向きなものです。明らかに時々私たちは違いがあります。

　多くの人はこの翻訳に何の問題も感じないでしょう。しかし、よく観察すると３つの１人称複数形代名詞は全て「私たち」と訳出されており、指示

対象の違いは反映されていません。また、difference の具体化も伺えません。近年の AI の進化は驚異的で、大規模言語モデルを応用した機械翻訳は目覚ましい進歩を遂げました。AI はすでに入力された言語情報から発話の時間・場所や話者の意図を推論する仕組みを備えており、機械翻訳が人間以上の能力を発揮する場合もあります。一見、AI の推論は人間と似ているように見えますが、全く違う仕組みで実行されます。推論以外にも、人間の言語処理にはまだまだ未知の部分が残されていますが、通訳記録の観察から、機械と人間の差を様々な観点から検証することができます。人間の通訳者だからこそできることとは何か、あるいはこれから機械翻訳が取り組むべき課題は何かということについて考えることも、通訳研究の重要なテーマです。

　同時通訳データ分析から得られる知見は、人が言葉を理解する仕組みについての貴重な示唆を含んでいます。現代の脳科学を支える機能的磁気共鳴画像法（fMRI）や、ポジトロン断層法（PET）に代表される脳機能イメージングの技術は画期的で、刻一刻と変化する同時通訳者の脳の活性状態を画像化することもできます。しかし、こうした手法でもここまで具体的に人間の概念の展開を探ることはできません。

4.　どうすれば上達するのか

場面を考えずに「私はキツネです」を "I am a fox." と訳すのは言葉の置き換えです。これではきつねうどんを注文するのに必要な情報を伝達することはできません。いうまでもなく、通訳において必要なのは、正確に言葉を置き換えることではなく、正確にメッセージを伝えることです。しかし、通訳訓練をはじめると、言葉を離れメッセージを伝えるということが、いかに難しいことかを実感するようになります。(5) の例で見た〈概念〉の働きは同時通訳者に特有のものではなく、日常の言葉の理解に不可欠なもので、誰の頭の中にでもあるものです。にもかかわらず、いざ通訳せねばならない場面では、この当たり前の〈概念〉を活用できず、まんまと言語置換の誘惑にのってしまい、立ち往生してしまう人が多いのは不思議なことです。

　では、大学生のあなたが通訳技術を高めるには、どうすればいいのでしょうか。仮にきつねうどんの注文をうまく訳せなかったとしましょう。それはあなたにとって成長のチャンスです。ただし、ここで大切なのは「こうした場合にはこんなふうに訳す」という知識を得ることではありません。通訳の勉強というと、言葉と言葉の正確な対応を学ぶことと思いがちですが、そのような知識を求める態度の根底には、結局、通訳を言葉の置き換えととらえる発想があります。「きつねうどん」を "Kitsune" と覚えても、それはその店で注文できるようになるだけで、あなたの通訳スキルを向上させることになりません。通訳演習の授業で学ぶべきことは、与えられた課題のこなし方（模範例の忠実な再現能力）ではなく、自ら課題を見出し克服する方法です。つまり、知識を学ぶのではなく、学び方を学び、実践することが求められます。通訳には決まった正解があるわけではありません。通訳する際の英語力・日本語力も、人により異なります。メッセージの伝え方は人それぞれですから、あなた自身があなたなりの伝え方を見つけ出してください。

　通訳の技術は、知識やノウハウを知れば身につくものではありません。もちろん正確な知識は必要です。しかし、それだけでは充分ではありません。まずは「わかる」ことと「できる」ことの距離を実感すること。そして、次にそれを克服すること。これに成功すれば、大学の卒業は学びの終わりではなく始まりを意味することになります。そうすれば、あなたは大学を卒業した後でも成長を続け、人生の目標を達成できる人間となるでしょう。そして、卒業後に様々なキャリアを積んだあなたが、自分の力で道を切り開き、将来的に一流の通訳者を目指してくれれば、とても素晴らしいことです。

注
1　絵本や寓話の登場人物の場合、"I am Fox." が一般的ですね。
2　うな丼なら「ぼくはウナギだ」ですね。このような文はウナギ文と呼ばれ、日本語研究の重要な研究テーマです。参考として奥津（1978）と西山（2003）を挙げておきます。

3　ここでは be 動詞や冠詞の使い方については省略しましょう。

4　本章の第 2 節と第 3 節は「推論によって得られるもの〈意味〉と〈概念〉は違う！」『通訳翻訳ジャーナル』31 (4):121–122 として発表した文章の一部を本章の主旨に合わせ改稿したものです。

5　このデータは「同時通訳コーパス (JNPC コーパス)」(松下・山田・石塚 2020) に収録されています。本章では、視認性向上のため、さらに加工しています。

6　船山 (2020) は、より一般的な観点から、言語コミュニケーションのあり方をモデル化し、〈意味〉と〈概念〉のかかわりについて詳細に論じています。

参考文献

Carston, Robin（2002）*Thoughts and Utterances: The Pragmatics of Explicit Communication.* Oxford: Blackwell. (西山佑司・内田聖二・松井智子・武内道子・山﨑英一（訳）(2008)『思考と発話—明示的伝達の語用論』研究社)

Seleskovitch, Danica（1978/1998）*Interpreting for International Conferences, Third Revised Edition.* Washington, D.C: Pen and Booth. (Original French work published 1968)

奥津敬一郎 (1978)『「ボクハウナギダ」の文法』くろしお出版.

西山佑司 (2003)『日本語名詞句の意味論と語用論—指示的名詞句と非指示的名詞句』ひつじ書房.

船山仲他 (2020)『自然言語をめぐる秩序—概念化と言語化』開拓社.

松下佳世・山田優・石塚浩之 (2020)「英日・日英通訳データベース (JNPC コーパス) の概要」『通訳翻訳研究への招待』22: 87–94.

私が薦める 2 冊

松下佳世 (2016)『通訳になりたい！　ゼロからめざせる 10 の道』岩波書店.

　通訳者たちへのインタビューから作られた本です。一口に通訳と言っても、多くの分野があり、働き方も仕事の内容も様々です。この本を読めば、第一線で活躍する通訳者たちがどのような人なのか、どのような経歴を経て何を目指しているのか、そしてふだんどのようなことを考えどんな仕事をしているのかを知ることができます。

小松達也 (2005)『通訳の技術』研究社.

　著者は、戦後日本を代表する通訳者のひとりで、長年にわたり通訳者養成にも携わってきた人物です。通訳者の体験談や自伝は何冊もありますが、本書は違います。世界の通訳事情、通訳教育に精通した著者が通訳とは何かを紹介し、自主訓練に導いてくれる本格的な入門書です。大学の授業の前に通訳訓練について知りたい人に。

第11章 Learning from the Linguistic Landscape

Keith Barrs

As we go about our daily lives, it is impossible to ignore the presence of the written language that surrounds us. From shop signs to road markings, menu boards to wall decorations, and advertising posters to guidance signs, these written words are everywhere we go. But how much of it do we really pay attention to? The answer for most of us is probably not very much. Instead, we interact with this written language without giving it much thought, and without realizing the impact that it has on our daily lives. Whether it is helping us find our way around city streets, encouraging us to buy products and services, or simply providing a moment of relaxation in a coffee shop, the written language in public spaces influences us in a wide variety of ways.

In Japan, the written language displayed in public spaces is especially interesting because not only does it contain many words and phrases from foreign languages, like French, German, Italian, Korean, and English, but also there is much creativity in how different scripts are used to write different words. Stopping even just for a few moments to think about this written language is likely to bring up some interesting questions, such as:

· How many different scripts and languages are used on Japanese signs?
· Who decides which scripts and languages will be written on which signs?
· What are the functions of the different scripts and languages?

Asking these kinds of questions about the language we see written in public spaces is part of the academic field of Linguistic Landscape research, or 言語景観研究 in Japanese. In this chapter I would like to introduce you to this research field by (1) explaining what it is and what kinds of things researchers focus on when carrying out their studies, (2) showing some examples of language analysis topics taken from around the Linguistic Landscape of Hiroshima Shudo University, (3) giving some advice about how you could carry out your own Linguistic Landscape research project, and (4) recommending some further reading for you to learn more about Linguistic Landscape studies.

1.   What is the Linguistic Landscape?

Linguistic Landscape can be described as "the visibility and salience of languages on public and commercial signs in a given territory or region" (Landry and Bourhis 1997: 23). Or more simply, the Linguistic Landscape of a place is all the written language which can be seen on that place's physical signs, such as shop signs, road markings, and information boards. In recent Linguistic Landscape research, the term has expanded to include a wider variety of contexts, both physical and digital, such as written language on clothing, product packaging, and internet web pages (Ivkovic and Lotherington 2009). This shows that there is a very wide variety of objects which could be studied in a Linguistic Landscape research project.

Figure 1 is an example of the types of written language which can be seen in the Japanese Linguistic Landscape. This photo shows one part of Hondori shopping street in Hiroshima, with a creative mix of signs, languages, and scripts. For example, the blue [GU] sign on the left uses the Latin alphabet letters of "G" and "U" in non-Japanese script, and when the letters are pronounced, they sound like 'jiyuu/ じゆう ' meaning freedom in Japanese. And the [お好み焼き] sign on the right is a traditional mix of kanji and hiragana scripts, but underneath that

Figure 1.　The Linguistic Landscape of Hondori shopping street, Hiroshima

is [3F] meaning "3rd Floor" with the "F" being written in Latin script and representing an English word.

2.　What can be investigated in the Linguistic Landscape?

An investigation of an area's Linguistic Landscape shows us the range of languages in that area, how the languages relate to each other, and the social and cultural importance which the languages have in the community. We can use these findings to better understand the linguistic diversity of a region, and to get deeper insights into the power relationships that exist between the different languages. For example, in some parts of Canada, it is required by law to write the French language along with English on public signs, a situation which reflects the early 17th century exploration, colonization, and settlement of parts of Canada's

East coast (Lamarre 2014).

In the following sections I will focus specifically on the Japanese Linguistic Landscape and will use examples of written language taken from around Hiroshima Shudo University (HSU)'s campus to highlight three central topics of analysis which can be explored in Linguistic Landscape research: Multilingualism, Englishization, and Creativity. In each section, I will give an overview of the topic of analysis and will show how the topic is represented in HSU's Linguistic Landscape. I will then put forward some questions which show the kind of research projects which could be explored within the topic.

2. 1 Multilingualism

Multilingualism means the act of functioning in more than one language. More specifically, it is the ability to speak, understand, read, or write in multiple languages. Nowadays, most people in the world are multilingual rather than monolingual because of globalization; the process which has made the world more closely connected due to advancements in society such as transportation systems and digital communications. For example, many children in France can communicate in more than one language because their parents immigrated from other countries such as Algeria, Belgium, and China. In Linguistic Landscape research, multilingualism typically refers to the use of more than one language written on signs. For example, all government-made road signs in Wales in the United Kingdom are written in both Welsh and English.

Figure 2 shows an example of multilingualism in Hiroshima Shudo University's Linguistic Landscape. This is a government-made sign giving advice about using HSU campus as an emergency evacuation area. The sign shows information in Japanese (including a simplified reading of the kanji characters), English, Korean, Chinese, Spanish, Portuguese, and Filipino. With multilingual signs like this, questions can be asked about which languages are used, why, where, and how. For example, here are some questions which could guide a

Figure 2.　Multilingualism in Hiroshima Shudo University's Linguistic Landscape

Linguistic Landscape research project using signs like these:

- What are the reasons for selecting these specific six extra languages which are written along with Japanese? Does the choice of language selection, and their order on the sign, match with data about foreign nationalities visiting and living in Hiroshima?
- Are these 6 extra languages used on all emergency evacuation signs around Hiroshima? How about in wider areas such as central, Western, or even the whole of Japan? For example, is the set of six languages used on emergency evacuation signs in Hiroshima the same as on signs in Chiba?
- How is the choice of languages on this emergency evacuation sign similar to or different from other government-made signs, such as guidance signs in government offices, or languages available on government internet homepages?

2.2　Englishization

Englishization is a term that refers to the process of incorporating English vocabulary, grammar, and syntax into another language. It has become very common in recent years due to English being the language of globalization, and therefore the main language in international communication, business, and culture. The Englishization of another language can happen in various ways, such as borrowing words and sentence structures from English, and creating new words by combining English and native language elements. When English words are borrowed, sometimes they fill a gap in the language which is borrowing them, but at other times they are used to add decorative effects, such as to make the sign or product more modern, fashionable, and cool.

Figure 3 shows an example of Englishization in the Linguistic Landscape of Hiroshima Shudo University. The two photos show the large red entrance doors to Building 3, one of the main buildings on campus. It is not immediately obvious whether these doors need to be pushed or pulled to open them, so for assistance the word [PUSH] has been added. However, this is only written in English and therefore represents a situation where a Japanese word, for example 押す /osu/ push, has been Englishized by being totally replaced by a borrowed English word. Not only this, but the choice has been to write the word 'push' in Latin Alphabet rather than the katakana script version of プッシュ /pusshu. This raises several questions which could be interesting to explore in a Linguistic Landscape research project:

・Why was English [PUSH] chosen instead of the Japanese equivalent of 押す / osu? Was it for decoration because it was thought that the English looks more fashionable than the Japanese?

・How frequent is the word [PUSH] in the Japanese language, compared to the equivalent word 押す /osu? Do the majority of Japanese people understand the English word 'PUSH'?

Figure 3.　Entrance doors to Building 3 on HSU campus, showing Englishization

・Would Japanese visitors to this building have problems understanding this sign and try to pull rather than push the doors? Is there any difference in the rate of comprehension of this word between different age groups, such as young adults and senior citizens?

2.3　Creativity

Linguistic creativity is the skill of using words and sentences in new and interesting ways to share ideas or feelings. There are many different forms of linguistic creativity, such as borrowing words from another language (as in the example in Figure 3 shown above), and using stylistic techniques such as punctuation, text formatting, and script changes to adapt language to different contexts and situations. Figure 4 is an example of a creative use of scripts in Hiroshima Shudo University's Linguistic Landscape. The photo shows the pedestrian crossing at the entrance to the main campus car park. The English word [STOP] has been used twice in this context and has been written in the Latin alphabet instead of Japanese. This is a 'marked' use of language, which means using language in a non-traditional and non-conventional way, because we would more likely expect the Japanese word 止まれ /*tomare*/stop to be used here. And interestingly, when 止まれ /*tomare*/stop has been used, in the top left of the picture, it is again a "marked" use of language, because katakana is used to write マレ instead of the more conventional まれ. The use of this creative "marked" language in Hiroshima Shudo University's Linguistic Landscape again raises interesting questions which can be the starting point of research projects:

Figure 4.   Entrance road markings at Hiroshima Shudo University's main car park

- Why has the English word [STOP] been used two times instead of repeating the use of 止まれ /tomare/ stop?
- Do the majority of Japanese people understand the English word [STOP]? Is it a common loanword in the Japanese language?
- Does the word [STOP] have a more powerful influence on drivers than the word 止まれ /tomare/ stop? Can we measure differences in the influence of the words?
- Is there a reason for the different positioning of the different words? The English word [STOP] has been used where pedestrians cross and the Japanese word 止まれ /tomare/ stop has been used at a traffic junction point. Is this choice random or was it planned? If it was planned, what were the decisions guiding the language choices?

3. How can you carry out your own Linguistic Landscape research project?

Here are three ways in which you could benefit from carrying out your own Linguistic Landscape research project:

1. Doing a Linguistic Landscape research project can build up your English power. You can find many English words and phrases around you in the Japanese Linguistic Landscape, and these can be collected and studied to help build up your English vocabulary knowledge.
2. Collecting the data for a Linguistic Landscape research project is easy. All you need is a camera, like in your smartphone, and then you can go down a street and collect pictures of language on signs.
3. Analyzing the Linguistic Landscape around you is a good way to start being a researcher. You do not always need to be in a research laboratory or a university classroom to do research. Asking questions about how

language is used on the signs around you can be done anytime, anywhere, and can then be turned into a bigger academic project.

If any of the research questions in Section 2 above have motivated you to carry out your own Linguistic Landscape project, here are five steps you could follow to get your project moving forward:

1.   Identify and select a study site. This could be a specific public space or a specific location such as a shopping center or street, a school or university, or a public or private facility, such as a sports stadium or government office.
2.   Collect the data. Observe and record the written language in the selected site and consider factors such as language, script, and design.
3.   Analyze the data. Consider the context, purpose, and function of the texts and analyze how they reflect social issues, such as support for foreign residents and visitors.
4.   Interpret the data. Consider how the language use reflects upon local culture, diversity, identity, and politics.
5.   Present the results. This could be done with a written report, poster presentation, or classroom discussion.

To conclude, the language we see on signs in public places shapes how we feel and what we decide to do. This is especially true in Japan, where a mix of different languages, scripts, and styles on signs reflects a vibrant interaction between the written messages and society as a whole. As has been shown above with an examination of signs around Hiroshima Shudo University campus, carrying out a Linguistic Landscape research project can help us to better understand not only why various languages are used on public signs, but also how this use of language impacts our daily lives.

References

Ivkovic, Dejan and Heather Lotherington (2009) Multilingualism in Cyberspace: Conceptualising the Virtual Linguistic Landscape. *International Journal of Multilingualism*, 6 (1): 17–36. https://doi.org/10. 1080/14790710802582436

Lamarre, Patricia (2014) Bilingual Winks and Bilingual Wordplay in Montreal's Linguistic Landscape. *International Journal of the Sociology of Language, 2014* (228) 131–151. https://doi.org/10. 1515/ijsl-2014-0008

Landry, Rodrigue and Richard, Bourhis Y (1997) Linguistic Landscape and Ethnolinguistic Vitality. *Journal of Language and Social Psychology*, 16 (1): 23–49. https://doi.org/10. 1177/0261927x970161002

私が薦める 2 冊

If you are interested in exploring the field of Linguistic Landscape research, here are two books written in Japanese which give very good introductions to the field and contain many ideas for carrying out your own projects:

庄司博史 (**2009**)『日本の言語景観』三元社.

This book explores the diverse Linguistic Landscapes seen around Japan. The book introduces the rich variety of dialects, accents, and language variations that exist within the country, and discusses how historical, social, and geographical factors have influenced the linguistic heritage of the Japanese language.

磯野英治 (**2020**)『言語景観から学ぶ日本語』大修館書店.

This book explores the various signs, posters, guide displays, labels, and stickers found throughout the Japanese urban environment. It discusses linguistic issues such as phonetics and orthography, proper and improper usage, and pragmatics, and also societal aspects of language usage, including dialects, internationalization, and multiculturalism.

第12章	どうして文学？ しかもサミュエル・ジョンソン？

石井善洋

　文学はたんなるお話ではありません。作家は長い時間をかけて、ときには一生をかけて、経験し、感じ、考えたことを、一冊の本の中に封じ込めます。それを読み解き、自分では経験できないことを追体験する、作家とともに感じ、考える、それが文学の面白さ、奥深さです。ここではなぜ私が文学を学び、どういう経緯でサミュエル・ジョンソンという作家にたどり着いたのかをお話しし、ジョンソンから学んだことの一端を紹介したいと思います。この小論から、なぜ専門科目を学ぶ必要があるのか、文学を学ぶとはどういうことなのか、理解していただけたら幸いです。

1. 私の英語遍歴

　私はおそらくみなさんと同じように、大学では英語の運用能力、「英会話」の力を身につけたいと考えていました。しかし私が進学したのは文学部です。「英会話」の授業は2年次のみ、週1時間。あとの語学は文学作品を読んで訳す授業でした。私はそれを不満に感じていませんでした。おめでたいことに、難しい訳読ができれば「英会話」など週1時間もあればできるのだろうと考えていたのです。とんでもない間違いでした。

1.1 英語の読み方・訳し方

　まず訳読の話をしましょう。1年次の訳読の授業は私にとって衝撃でした。タイトルは忘れてしまいましたが、ある短編小説を読む授業で、先生は

たいていの文を前から、書いてある順番に訳しました。関係代名詞などは後ろから訳してもいいはずなのですが、先生は前から、当時の私には英文の構造が見えない訳し方をしました。訳文はわかりやすいのですが、どうしてそういう訳し方ができるのか頭を悩ませました。級友は、難しい、難しい、を連発していました。私も、とにかく難しい、で1年目は終わってしまいました。

　英語の読み方・訳し方を教えてくれたのは、意外にも2年次のフランス語の授業です。先生はフランス哲学の先生、テキストはフランス哲学の要語辞典からの抜粋と、そのころ先生が出版されたその要語辞典の翻訳。原文と翻訳を見比べて読むという授業でした。

　はじめはよくわかりませんでしたが、試験勉強のために辞書を引きまくり、訳文をよく読んでいるうちにぼんやり理解できるようになってきました。哲学のテキストはとにかく訳しにくい。それで、大胆に削ったり、言い直したりします。よく読んでいくうちに、いろいろな工夫を施しながら、きちんと原文の意図を表現していると理解できたのです。フランス語の読み方・訳し方がわかったと思えた瞬間でした。英語もこうやって読んで訳せばいいのだと悟りました。

　フランス語でいえば、私は3年時と4年次に学内の通称「語研」で受講料を払ってフランス語を勉強していました。そのとき先生が話したことをよく覚えています。フランス語に限らず、語学は大量に読むことが大事だ。200ページほどのペーパーバック10冊程度を目標に、辞書を引かずに、わからない箇所はわからなくてもいいから、どんどん読んでいく。ひっくり返らずに読む。ひっくり返って読むのは日本人だけだ。ネイティヴは書いてある順番に読んで理解する。それがもっとも合理的な読み方だ。そうやって大量に読んでいくと、あるときすっと波乗りができたようにわかってくる。と先生は波乗りにたとえてリーディングのポイントを教えてくれました。なるほど、と腑に落ちました。

　さて、2年次の「英会話」です。テキストは日常会話、先生はアメリカ人の野太い声の巨漢。先生は大きな声でセンテンスを読み上げ、学生はあとに

ついて大声で発音します。先生は同じセンテンスでも状況に応じて読み方を
変えます。その読み方がすこぶる面白いので、学生はゲラゲラ笑いながらセ
ンテンスを復唱する。とても楽しい授業でした。

　授業は楽しかったのですが、これで英語が話せるようになるのかというと
大いに疑問でした。この授業を見た人はきっと江戸時代の寺子屋を思い浮か
べるでしょう。しかし寺子屋で論語を復唱する方がはるかに意味のある学習
です。孔子の教えは、やがて子供たちの血となり肉となり、生涯の指針とな
ります。日常会話の復唱は、実際に言葉が使われる現場に立たない限り役に
立ちません。あっという間に忘れてしまいます。

　「語研」でも「英会話」の授業を取りましが、やはり同じでした。授業で
やることは、要するに、いろいろな表現を覚えることだったのです。

　それだったら、と私は授業にたよらずに勉強することにしました。自学自
習も楽しいものです。ところが、あるときから砂を噛むような虚しさを感じ
はじめました。こんな場合の言い方、あんな場合の言い方は学べますが、こ
んな場合もあんな場合もいつまでも私にはやってこない。そういうことに今
更ながら気がついたのです。

　もう1つの原因は私の性格です。私はどちらかというと無口な方で、気
の合う少数の友人以外とは、一緒にいても居心地の悪さを感じて、早く1人
になりたいと願うような人間でした。当たり前の話ですが、コミュニケー
ションを好まない人間が英語で流暢にコミュニケーションをとるなどあり得
ません。使わないとわかっている英語を頭に中に詰め込むのが虚しくなりま
した。このままでは時間の無駄です。方向転換しなければならない。独りで
もできるもの、しかもやりがいのあるもの。それが文学でした。

1.2　文学

　3年次、私は英文学専攻に進みました。4年次には卒業論文を書きます。
そのあとは大学院に進学するつもりでしたから、みっちりイギリス文学を読
もうと自分にノルマを課しました。

　いろいろ読んだ中で、私はイギリス18世紀の小説家 Henry Fielding

(1707–1754) を卒論にとりあげることにしました。当時、イギリス 18 世紀の小説はイギリス小説の中でもっとも人気のない分野でした。が、フィールディングの代表作 *The History of Tom Jones, a Foundling* (1749) は実に面白い小説でした。物語のはじめはこうです。

　イギリス、サマーセットシャーの地主で、治安判事のオールワージ氏は妹ブリジェット嬢と 2 人暮し。あるとき所用で 3 ヶ月ロンドンに出かけ、夜遅く帰ってきました。さて、自室にさがって、疲れた体をベッドに横たえようと、布団をめくってみると、なんとそこに赤子がスースーと眠っているではありませんか。オールワージ氏はひっくり返らんばかりに驚きました。翌日から母親探しをはじめますが見つからず、とうとう赤子を自分の子として育てることにしました。これが捨て子 (a foundling) トム・ジョウンズです。

　たわいもないお話のようですが、この物語には独特な性格の人物、さまざまな職業・階級の人物が登場します。彼らが田舎の生活、軍隊生活、ロンドンの社交、男女関係、また当時の風習、価値観、哲学などを通して、秘められた野心、欲望、自惚れ、偽善、狡知など、この時代のさまざまなモラルの問題を露呈します。それをフィールディングは、過ちを犯しはするが天真爛漫なトムと対比し、ユーモアたっぷりに描いていきます。さながらイギリス 18 世紀の喜劇的絵巻といった作品です。イギリス研究にはもってこいのテキストです。

　大学院に進んでからも私はフィールディングの研究をつづけました。が、このころから小さな疑問を感じ、それが次第に大きくなっていきました。結局、文学研究は個別の世界の研究にとどまるのではないか。フィールディングの世界、オースティンの世界、ディケンズの世界というように、作家それぞれの世界があり、私たちはその個別のテーマを研究している。もちろん、それ自体は重要なことで、興味の尽きない研究対象なのですが、私は個別のテーマではなく、すべての文学に共通する普遍的なテーマを知らず知らずのうちにもとめていたのです。そのことをはっきり意識するようになったのは、もっと後のことですが、このフィールディング研究への小さな疑問がその萌芽でした。今の私がそれを一言でいうと、文学とは何か、ということで

す。

　文学の根底を支える岩盤の存在を感じたのが、Samuel Johnson (1709–1784) というイギリス 18 世紀の文豪の思想です。最初のきっかけは、James Boswell (1740–1795) の *The Life of Samuel Johnson* (1791) でジョンソンのフィールディング批判を知ったときです。ジョンソンは、フィールディングの小説と Samuel Richardson (1689–1761) というフィールディングの好敵手の小説を比較して、フィールディングは時計を見て時間を告げるだけだが、リチャードソンは時計の機構まで知り尽くしている、と言いました。この比喩の妙、核心をつく批評に私は唸り、18 世紀の英文学を勉強する以上、サミュエル・ジョンソンを避けては通れないと確信しました。

2.　サミュエル・ジョンソン

　さて、サミュエル・ジョンソンとはどういう人物でしょうか。彼はもっともイギリス的なイギリス人といわれ、現代でも喜劇番組や探偵小説の主人公にされるような人気者です。ジョンソンは、父の家業が倒産し、大学を 1 年余りで中退、その後、非常な努力をして文筆で身を立てました。イギリス人気質だけでなく、苦労人というところでも、イギリス人の共感を得ているのです。

2.1　文学とは

　私はジョンソンという鉱脈の核は、文学だけでなく、モラルと宗教にあると予感していました。事実、その通りで、文学は虚構という舞台を提供し、そこでモラルが実践され、さらにその先に信仰の世界がある。そういう文学、モラル、宗教の結びつきを、私はジョンソンの思想の中に見出しました。これが文学の根底を支える岩盤の形です。

　そこで、文学とは何か、という問いに答えるとすると、次のようになります。文学には様々なタイプがあるが、その究極のすがたは祈りです。主人公の幸福を願う偽りのない気持ちです。その先には、いかに漠然としていて

も、信仰の世界があります。深い祈りは言葉を超えます。ゆえに語り尽くされた文学には沈黙が訪れます。それが文学の余韻となります。深い余韻は名作の証です。

　これが私のたどりついた結論ですが、このようなテーマは少々とっつきにくいでしょうから、ここからは私のジョンソン研究の出発点にふくまれているテーマ、「才能」について紹介します。ジョンソンが論じていたのは、音楽やスポーツの才能ではなく、知識と学問の才能です。みなさんの立場に合わせていえば勉強の才能です。勉強に才能は要るか、要らないか。そのようなテーマです。

2.2　才能と偶然

　ジョンソンの才能論を考えるとき、当時の人たちが信じていた「支配的な感情」（ruling passion）について触れなければなりません。ジョンソンの才能論は「支配的な感情」への批判にもとづいているからです。

　人間にはある特定の対象に愛着をもつ生まれながらの「支配的な感情」があります。これが人間に一定の傾向・方向性をあたえ人生を決定します。才能も「支配的な感情」と同じで、ある一定の方向へ向かう生まれながら備わっている能力です。当時こういうことが広く信じられていました。みなさんもそう感じていませんか。

　しかしジョンソンはこの考えを否定します。なぜかというと、その思想の根底にあるは、はじめからすべてが決まっているという決定論だからです。

　ジョンソンは、人間の一定の傾向のように見えるものは、つねに何かに影響され、成長し、変化していて、決して生まれながらに固定されているものではないと考えます。自分の過去をふり返って、自分の考え方のもとをたどってみてください。ジョンソンは「その強い願望は何らかの実例か教え、自分がおかれていた環境、最初に深い印象をうけたもの、はじめて読んだ本、または最初に親しくなった仲間の影響であることがわかる」（Johnson 2005: 245）と言います。もちろん人生の初期に被った影響がそのままつづく人もいるでしょう。しかし成長とともに大きく修正される人も、まったく新

しい性格に変わる人もいるはずです。人間は人生の諸段階でさまざまな影響にさらされ、さまざまな可能性と向き合いながら生きていくからです。

　人間の性格がすべて生来の「支配的な感情」のあらわれならば、この世に有徳者はいないはずです、ともジョンソンは言います。なぜなら正義、博愛、慈善心、愛国心などは、生まれもった感情ではなく、社会的な教育をうけ、精神的な成長をとげて、はじめて理解できる高次元の感情だからです。それに、現に多くの人がそのような美徳をもって活躍している以上、生来の「支配的な感情」論は真実ではないのです。

　ジョンソンはこの説を虚偽と断定するだけでなく、それを唱える動機をも批判します。「支配的な感情」論は自分の怠慢を正当化する言い訳になるからです。成功者を目してすべて生来の才能のたまものだとし、暗に自分が努力しなくてもよい口実とします。「支配的な感情」の存在を認めれば人間には発展も向上もありえません。ジョンソンはそういう思想を断固として拒むのです。

　しかし、このように考える人もいるでしょう。人間は何らかの実例か教えに影響されるとしても、実例も教えも1つではなかったはずです。なぜAの実例と教えに影響されて、Bの実例と教えには影響されなかったのか。なぜAの環境には影響されて、Bの環境には影響されなかったのか。やはり特定の影響をうけやすい生来の支配的な傾向が影響に先立って存在している。もしそうだとすれば、その傾向が成長することはあっても、傾向の方向は変化しない。したがって支配的な傾向は存在し存続する。

　ジョンソンの著作に添って答えるなら、彼はこの議論に底流している決定論的な思考を批判しているのです。つまり、Aの実例と教えに影響されたのは、そうさせるなにかがあったはずだという想定に立つ、結果を説明するための原因探しです。結果から見て原因をもとめようとする心理が、事象のうちにある種の連続性と思われるものを想起させ、それが生来の傾向や運命のように印象づけられて、しだいに実体のように思われていく。ジョンソンの言葉でいえば、「印象を信頼していると、人間は次第に印象にとらわれるようになり、最後は印象に左右されて、自由な存在でなくなる。あるいは、

実際は同じことだが、自由な存在でないと考えるようになる」（Boswell 1980:
1159）。過去をふり返って見えてくる事象の連続性は想像力の産物であり、
Aの実例と教えに影響されたのは、つきつめていえば偶然の結果です。任
意の行為に先行する事象は選択肢の1つとして現れたものであり、その事
象の選択は不可避的、強制的ではないのです。

　ジョンソンは決定論的な思考を排斥するために偶然の関与を強調します。
例えば、

> 人生は長くない。だから人生いかに生きるべきかと、つまらぬ思案に人
> 生の多くをついやしてはならない。慎重を期してそんな思案をはじめ、
> いろいろ細かく考えつづけるのはよいが、時間がかかるだけで、結局、
> 結論は偶然に任せるほかない。将来のある生き方より他の生き方を正当
> な理由をもって好むというのは、神がわれわれに与えることをよしとせ
> ぬ能力を求めることだ。
> 　　　　　　　　　　　　　　　　　　　　　　　（Johnson 2005: 368）

と、人間の生き方は偶然に決まる、どんな偶然によるかは人知では予見でき
ないと言います。そして才能の本質をAbraham Cowley（1618–1667）という
詩人の小伝の中で明かします。幼少のカウリーは、母の部屋の窓辺にいつも
置かれていたスペンサーの『妖精の女王』を読むのが楽しみで、そのためと
うとう「取り返しのつかない」詩人になったといいます。

> そういうのが偶然であって、記憶に残っているかもしれないが、おそら
> く忘れられているかもしれない。しかし、それが心に特定の指示を生
> み、ある一定の学問や職業への傾向をもたらす。これが通例才能と呼ば
> れる。真の才能とは、大きな一般的能力が偶然にある特定の方向に固
> まった精神のことである。
> 　　　　　　　　　　　　　　　　　　　　　　　（Johnson 2010: 6）

　才能はある種の不分明な潜在的な能力ですが、特定の方向に定められてい
るものではありません。もしカウリーの『妖精の女王』との出会いを「運

命」だったというならば、それは多くの偶然の中から符合するものを選んで
「運命」と呼ぶようなものです。それは人生の解釈としては面白いかもしれ
ません。しかし、真実ではなく、想像力が描くドラマです。われわれは偶然
に散った火花を、事後において才能と称し、事後において運命と美化してい
るのです。

2.3　才能と努力

　偶然が関与する以上、まず試してみるべきだとジョンソンは言いますが、
彼の真意は、いつまでも偶然のきっかけを探して人生を無駄にすべきではな
いということです。同じ偶然のきっかけなら、早いきっかけをとるべきで、
あとは努力するのみです。ジョンソンは「真の才能」を「ある特定の方向に
固まった精神」だと言いました。しかしその精神は何もしなくても自然に固
まるわけではありません。ジョンソンが言いたいことは、才能は努力のすえ
にみずから獲得する適性だということです。みなさんが心に描く「真の」自
己があるとすれば、それはみずから鍛え上げた結果としての自己にほかなり
ません。

　さて、勉強に才能は要るか。ジョンソンの考えに即していえば、才能の有
無を意識してはいけない、ということになります。自分の好きな分野があれ
ばそこに潜在的な能力があります。しかしそれはいまだ潜在的な能力であ
り、才能ではありません。才能はみずから育てるものです。目にみえる形に
まで成長した適性がみなさんの才能なのです。

　私は他にもいろいろなことをジョンソンから学びました。文学はエキサイ
ティングです。人間の考え方を変える力を秘めています。文学を通して英米
人の感じ方、考え方、思想、哲学を学べば、みなさんの視野は飛躍的に広が
るでしょう。実は私は口下手だ、人見知りする、引っ込み思案だとか、お喋
りよりじっくり考える方が性に合っているとかいう人は、文学を学んでみま
せんか。

2.4　語学学習における成長

　ここまでは文学研究の奨励ですが、関連して語学学習についてもお話ししたいことがあります。

　今「目にみえる形にまで成長した適性がみなさんの才能です」と言いましたが、語学学習についていえば、この成長はなかなか自覚できないものです。検定試験でスコアが伸びたとき以外、自分が成長しているとは感じられないでしょう。

　語学学習は長い時間をかけて努力するほかはないのですが、中には成長が自覚できなければ、また短期間で成果が上がらなければ、こんな勉強はいつまでつづけていても意味がないと考える人がいます。これは警戒すべき誤りです。そういう人はすぐに別な教材・学習法に飛びつき、そこでも成長が自覚できなくて、また別な教材・学習法に飛びつく。この繰り返しで、結局何の成果も上げられないまま4年間が終わる。あるいは、やがて学習を苦痛に感じ、自分が何をやっているのかわからないまま呆然と時だけがすぎてしまう、という事態に陥ります。もったいないことです。成長がなかなか自覚できないのは語学学習の宿命だと思ってください。今現在自分にない適性をみずから作り上げるのですから、道のりは決して短くなく、楽ではありません。

　あの人にはもともと才能がある、私は才能がないから頑張れない、というのは間違いです。みなさん努力をしているのです。また努力をしてきたのです。努力のすえにみずから獲得した適性が才能なのです。

参考文献

Boswell, James（1980）*Life of Samuel Johnson*（World's Classics）. Oxford: Oxford University Press.

Johnson, Samuel（2005）*The Works of Samuel Johnson, Vol. 17: A Commentary on Mr. Pope's Principles of Morality, Or Essay on Man*, edited by O. M. Brack Jr. New Haven: Yale University Press.

Johnson, Samuel (2010) *The Works of Samuel Johnson, Volumes 21–23: The Lives of the Poets*, edited by John H. Middendorf. New Haven: Yale University Press.

私が薦める 2 冊

　文学への導入としては、哲学や思想ではなく、小説の方が親しみやすいと思います。『トム・ジョウンズ』はぜひ読んでほしい作品ですが、現在入手困難なので、ここでは他の名作を紹介します。

チャールズ・ディケンズ(2014)『大いなる遺産(上・下)』石塚裕子(訳)岩波書店.

　チャールズ・ディケンズは、19 世紀のイギリスの社会問題を多角的に描いた、イギリスでもっとも偉大な小説家です。この作品は「紳士」にまつわる諸問題をテーマにしています。「紳士」になることが当時のイギリス人男性にとっていかに切実な願いだったか、この小説を読めば理解できるでしょう。

シャーロット・ブロンテ(2013)『ジェイン・エア(上・下)』河島弘美(訳)岩波書店.

　シャーロット・ブロンテはイギリスでダントツの人気を誇る女性小説家の 1 人です。19 世紀の男性社会の中で女性に許されていた「立派な」職業は、ガヴァネスという住み込みの家庭教師しかありませんでした。孤児ジェインがガヴァネスになり、最後に幸福をつかむまでの生き方にみなさんは心を打たれるでしょう。

コラム⑤ AI利用による主体的な英語学習(2)
——ChatGPT に英文添削をしてもらおう

阪上辰也

　ChatGPT は、コラム④で説明したように、確率的に次の単語が予測され、文が作り上げられていきます。ChatGPT の基本的な使い方は、プロンプト（Prompt）と呼ばれる指示文を書き、こちらの要望を伝えるだけです。あとは、まさに会話するかのように必要な情報を与えてやり取りを続けていきます。厳密には、ChatGPT がわたしたちのことばの意味を解釈しているわけではありませんが、プロンプトとして与えられた指示に沿った回答を返します。これを応用し、ここでは、英文添削を任せる事例を紹介します。

　まず「文法的に誤りのある英文を3つ書いてください」と依頼します。すると、"I enjoy to eats pizza for dinner"、"She don't goes to the gym on weekends"、"My sister, she is have a cat named Fluffy." という英文が3つ作成されましたので、続けて、新たなプロンプトとして、「これらの英文について、文法的にどのような誤りがあるのか、その英文そのもの、修正された英文、修正した理由を表形式で示してください」と指示します。すると、図1のようにして、誤りが修正され、誤りの理由も含めて一覧で表示されるようになっています。ちなみに、「英語を直してください」という曖昧な指示では、あまり有益な結果が返ってこないため、具体的で的確な質問や指示をChatGPT へ伝える必要があります。

　添削の結果を見てみると、どれも的確な指摘となっていることがわかります。ここで紹介した事例はいずれも単文であり、比較的単純な誤りであったため、的確な指摘だとすぐに判断できましたが、基本的には、指摘された内容を自分でよく確認する必要があります。

英文	修正後の英文	誤りの種類	修正の理由
I enjoy to eats pizza for dinner.	I enjoy eating pizza for dinner.	不定詞の後に動詞の原形が必要	"to eats" ではなく "eating" を使用する必要があります。
She don't goes to the gym on weekends.	She doesn't go to the gym on weekends.	三人称単数の動詞形が正しくない	"don't" ではなく "doesn't" を使用する必要があります。
My sister, she is have a cat named Fluffy.	My sister has a cat named Fluffy.	不要な主語の繰り返し	"she is have" ではなく "has" を使用する必要があります。

図 1. ChatGPT による文法的誤りの訂正結果

　このほかにも、英語学習のためのさまざまな利用方法が考案されています。「ChatGPT　英語学習」などのキーワードで Web 検索をすると、学習すべき単語リストとそれを含んだ例文の作成や資格テスト対策のための練習問題の作成もしてくれます。ただし、完璧ではない人間が作り出したものですから、ChatGPT を使う上で次の点に気をつける必要があります。

　まず、いつも（完璧な）正しい答えを教えてくれるわけではないという点です。時折、ありもしない事柄をあたかも本当のことのように平気で答えてしまう「Hallucination」（幻覚）と呼ばれる嘘をつく現象が起こることも知られており、利用には注意が必要です。

　こうした AI ツールは今後も発達し、私たちの英語学習をさらに支援してくれるものになると予測されます。しかし、こうしたツールは助けにこそなれども、学習を楽にしてくれるものではありません。有効に利用するには、質問や指示の的確さや具体性を高める必要があり、結局のところ、自分自身の知識や経験を増やしておく必要があります。つまり、英語学習について言えば、英語の語彙や文法などの基本的な知識がしっかりと身についていないと、結局、得た情報が正しいのか間違いなのか、何も判断することができないということです。

　加えて、こうしたツールへ過度に依存しないよう注意しましょう。例え
ば、会話をする状況では、「何を話せばいいか教えてください」とか「自分
の話す英語を添削してください」などと ChatGPT に頼んでいる暇はなく、
相手を待たせないよう、すぐに反応（発話）しなくてはいけません。その反
応を支えるのは、自身の頭の中に蓄えられている知識と経験です。そのた
め、暗記を苦手だと感じる人もいると思いますが、英語の単語や文法などの
知識などは丸暗記して使える状態にしておく必要があります。困ったら検索
すればいい、アプリを使えばなんとかなる、などと安易に考えず、自分の中
にできるだけ多くの知識と経験を蓄え、それらをすぐに使えるようにするこ
とを意識しながら、英語学習を進めていくことが肝要です。

あとがき

　本書を執筆したいという思いが心にふと浮かんだのは、確か2021年の秋でした。「我々英語英文学科の教員は、当然のことながら、それぞれ自分の専門領域の内容のみに集中して教育しているけれど、その様々な内容は学生個人の中でどのような形で存在しているのだろう。英語英文学科の教育内容を統合して可視化させたい」と考えたのがきっかけでした。この思いを学科の会議で投げかけてみたところ、学科教員全員で本の執筆に取り組むこととなりました。大きな障害なくここまでこれたのは、広島修道大学人文学部英語英文学科の教員の日頃からのチームワークの賜物であると思います。

　2022年度初頭、市川薫教授（当時）、西光希翔准教授、石田崇助教（当時）、そして筆者でワーキンググループを結成し、市川先生のリーダーシップのもと、「寄せ集めの論文集ではなく、若者の目線に立った大学での学びの旅への導入書にしよう」と合意しました。ワーキンググループ、そして学科全体の会議の中で何度も話し合いを重ねるにつれ、当初はぼんやりとしたイメージでしかなかったものが、1年後には具体的な形を持つものとなりました。市川先生は2022年度で定年退職されることが決まっていたため執筆者・編者に加わることを固辞されましたが、編者として名を連ねていただいてもおかしくありません。実際、市川先生の導きがなければ、本書は寄せ集めの論文集で終わっていたと思います。先生の力添えに心よりお礼申し上げます。

　2023年には、各自が執筆した原稿を互いに読みあって意見を出し合い、そしてそれに基づいて改訂を重ねました。この査読は、編者のも含めすべての章とコラムに対して、2名の匿名査読者が、①本書の趣旨や方針に沿っているか、②一般読者を想定したわかりやすい内容になっているか、③文体・用語・書式等が統一されているか、といった観点から行いました。その査読

192

結果を基に、加筆修正が施されています。

　この同一学科内での査読とそれに基づく加筆修正は、今までに経験したことがない楽しいコミュニケーションでした。私たち教員は、普段、学生の教育やその他の業務のことで話し合うことはあっても、互いの研究のことを話す機会はめったにありません。今回、教員個人のライフワークである研究を専門が異なる研究者間で共有することを通して、各教員の核心の部分にふれることができたと思っています。

　私たち執筆者が経験したこの楽しさを、読者の皆さんも感じ取っていただけたでしょうか。そうであれば、それ以上に嬉しいことはありません。大学4年間が、本書で取り上げたような多種多様な英語関係の専門分野をまんべんなく学べる絶好の機会です。大学院博士前期課程、後期課程と専門性が高くなるにつれ、守備範囲が狭まってくるからです。学部生のうちに、様々な科目に真摯に取り組み、土台を確かなものにしてください。それが教養や人格形成につながり、その後のキャリア、人生に生かされることでしょう。

　ひつじ書房の編集者である森脇尊志さんには、執筆・編集の過程において何度も相談に乗っていただき、たいへんお世話になりました。心よりお礼申し上げます。私たちは、自分が教えている学生たちを身近な読者として思い浮かべて執筆しましたが、その向こうにいる全国の読者層の皆さんへと空想が広がっていき、執筆はやりがいに満ちたものでした。最後になりましたが、私たちの企画を全国の若者に有益なものとして認めてくださり、出版の機会を与えてくださったひつじ書房、そして「広島修道大学学術選書刊行助成」を受ける際にお世話になった広島修道大学ひろしま未来協創センターに感謝いたします。

執筆者を代表して
戸出朋子

執筆者紹介　※五十音順（＊は編者）

石井善洋 （いしい よしひろ）
広島修道大学人文学部教授
主な著書・論文：『希望の本質—サミュエル・ジョンソンの思想と文学』（春風社、2021）、「サミュエル・ジョンソン—『ラセラス』論（1）」（広島修大論集 58（2）、2018）

石田崇 （いしだ たかし）＊
広島修道大学人文学部准教授
主な論文：「言語使用の三層モデルから考える虚構的インタラクション」（共著、『比較・対照言語研究の新たな展開—三層モデルによる広がりと深まり』開拓社、2022）、*A Construction Grammar Approach to Noun Modification by Adjectives in English and Japanese* (Doctoral dissertation, University of Tsukuba, 2021)

石塚浩之 （いしづか ひろゆき）
広島修道大学人文学部教授
主な著書・論文："Two levels of information packaging and cognitive operations during simultaneous interpreting: An analysis via additional demonstratives" (*Ampersand*, 12, 2024)、『英日通訳翻訳における語順処理—順送り訳の歴史・理論・実践』（編著、ひつじ書房、2023）

大澤真也 （おおざわ しんや）
広島修道大学人文学部教授
主な著書・論文：『CAN-DO リストによる教育成果の可視化』（共著、渓水社、2022）、"Effects of Japanese university students' characteristics on the use of an online English course and TOEIC scores" (*CALICO Journal*, 36 (3), 2019)

194

阪上辰也（さかうえ　たつや）
広島修道大学人文学部准教授
主な論文：「ログデータの利活用―基本と実践」（共著、『コロナ禍の言語教育―広島大学外国語教育研究センターによるオンライン授業の実践』渓水社、2021）、「英語学習者による関係節の産出状況の計量的分析とその課題」（『深澤清治先生退職記念 英語教育学研究』渓水社、2020）

佐川昭子（さがわ　あきこ）
広島修道大学人文学部教授
主な著書：『シェイクスピアの女性神話』（英光社、2020）、『シェイクスピアの作品研究―戯曲と詩、音楽』（共編著、英宝社、2016）

塩田弘（しおた　ひろし）
広島修道大学人文学部教授
主な著書：『アメリカ研究の現在地―危機と再生』（共著、彩流社、2023）、『エコクリティシズムの波を超えて―人新世の地球を生きる』（共編著、音羽書房鶴見書店、2016）

戸出朋子（とで　ともこ）＊
広島修道大学人文学部教授
主な論文："A Migrant's chronotopic identities in playful talk in a classroom" (*Applied Linguistics*, 44 (4), 2023)、「用法基盤第二言語習得研究の多面性と展望」(*Second Language*, 21, 2022)

西光希翔（にしみつ　きしょう）＊
広島修道大学人文学部准教授
主な論文：「『マーシィ』におけるトラウマの再構築―靴と人形をめぐって」（『英文学研究支部統合号』16、2024）、「追体験する主体―もう一人の娘から読む *Beloved*」（『中・四国アメリカ文学』57、2021）

Barrs, Keith （バーズ キース）
広島修道大学人文学部教授
主な論文： *A Corpus Analysis of the Grammatical Behaviour of English Loanwords in the Japanese Language* (Doctoral dissertation, University of Leicester, 2021),
"Learning from the linguistic landscape: A project-based learning approach to investigating English in Japan" (*Electronic Journal of Foreign Language Teaching*, 17 (1), 2020)

水野和穂 （みずの かずほ）
広島修道大学人文学部教授
主な著書・論文：「コーパスを利用した後期近代英語研究の可能性―PPCMBE を中心として」（『英語コーパス研究シリーズ第6巻　コーパスと英語史』ひつじ書房、2019）、*The Pleasure of English Language and Literature: A Festschrift for Professor Akiyuki Jimura* (Eds., Keisuisha, 2018)

Ronald, Jim （ロナルド ジム）
広島修道大学人文学部教授
主な著書・論文： *Pragmatics undercover: The search for natural talk in EFL textbooks* (Eds., JALT Pragmatics SIG, 2020), "Beyond "I've got It" or "It worked": From teaching pragmatics to learning pragmatics" （共著、*Pragmatics undercover: The search for natural talk in EFL textbooks*, JALT Pragmatics SIG, 2020）

広島修道大学学術選書 81

大学で「英語」（ことば）と向き合う
—色とりどりの英語の世界

Looking Through a Kaleidoscope: An Introduction to English Studies at University
Edited by Tomoko TODE, Kisho NISHIMITSU, and Takashi ISHIDA

発行	2024 年 4 月 26 日　初版 1 刷
定価	2200 円＋税
編者	ⓒ 戸出朋子・西光希翔・石田崇
発行者	松本功
装丁者	渡部文
印刷・製本所	亜細亜印刷株式会社
発行所	株式会社 ひつじ書房
	〒 112-0011 東京都文京区千石 2-1-2　大和ビル 2 階
	Tel.03-5319-4916　Fax.03-5319-4917
	郵便振替 00120-8-142852
	toiawase@hituzi.co.jp　https://www.hituzi.co.jp/

ISBN978-4-8234-1241-7

6ヵ国転校生

ナージャの発見

The Discoveries of Nadya

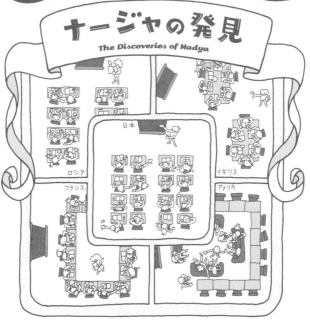

日本

ロシア　イギリス

フランス　アメリカ

キリーロバ　ナージャ

Nadya Kirillova

集英社インターナショナル